历史与理论

*Esquisse d'un tableau historique
des progrès de l'esprit humain*

人类精神
进步史表纲要

〔法〕孔多塞（Condorcet） 著

何兆武　何冰　译

北京大学出版社
PEKING UNIVERSITY PRESS

图书在版编目（CIP）数据

人类精神进步史表纲要/（法）孔多塞著；何兆武，何冰译.—2版.—北京：北京大学出版社，2022.10

（历史与理论）

ISBN 978-7-301-33359-4

Ⅰ.①人…　Ⅱ.①孔…②何…③何…　Ⅲ.①启蒙运动—文化史—欧洲—近代　Ⅳ.①B504

中国版本图书馆 CIP 数据核字（2022）第 170136 号

Esquisse d'un Tableau Historique des Progrès de l'Esprit Humain
Condorcet, Marquis de Jean Antoine Nicolas de Caritat
Texte revu et présenté par O. H. Prior, Yvon Belaval
Paris：Librairie philosophique J. Vrin, 1970
中文简体字版由北京大学出版社拥有。

书　　名	人类精神进步史表纲要 RENLEI JINGSHEN JINBU SHIBIAO GANGYAO
著作责任者	〔法〕孔多塞 著　何兆武 何冰 译
责任编辑	修　毅　李学宜
标准书号	ISBN 978-7-301-33359-4
出版发行	北京大学出版社
地　　址	北京市海淀区成府路 205 号　100871
网　　址	http://www.pup.cn　新浪微博：@北京大学出版社
电子信箱	pkuwsz@126.com
电　　话	邮购部 010-62752015　发行部 010-62750672 编辑部 010-62752025
印 刷 者	北京中科印刷有限公司
经 销 者	新华书店
	880 毫米×1230 毫米　A5　6.625 印张　插页 1　168 千字 2013 年 8 月第 1 版 2022 年 10 月第 2 版　2022 年 10 月第 1 次印刷
定　　价	52.00 元

未经许可，不得以任何方式复制或抄袭本书之部分或全部内容。
版权所有，侵权必究
举报电话：010-62752024　电子信箱：fd@pup.pku.edu.cn
图书如有印装质量问题，请与出版部联系，电话：010-62756370

孔多塞

(Marquis de Condorcet, Marie-Jean-Antoine-Nicolas de Caritat, 1743—1794)

译者序

本书作者、18世纪法国最后一位"哲学家"(philosophe)孔多塞(Marquis de Condorcet, Marie-Jean-Antoine-Nicolas de Caritat, 1743—1794)是启蒙运动最杰出的代表之一,也是随后的法国大革命的重要领导人之一,曾有法国大革命的"擎炬人"之称,毕生服膺人类文明不断进步的理想。

他于1743年诞生于一个古老的家族(Caritat),曾在耶稣会学校受教育,后入巴黎耶稣会的Navarre学院攻读数学,显示了非凡的数学天赋。1769年(26岁)进入法国科学院工作,开始撰写数学及其他方面的论文;1783年入法兰西学院;1785年负责法国科学院的工作。在此期间,他几乎遍交当时文坛和思想界、学术界的名流,与启蒙运动的领袖人物达朗贝尔、伏尔泰、杜尔哥等人相识,并大力协助达朗贝尔参与有名的《百科全书》的编撰工作,为后来1789年的法国大革命做了重要的思想准备工作。1769年,他当选为法国科学院院士;1777年,当选为科学院的终生秘书,在其他学术单位也有兼职。这一时期他写了大量文章,宣传当时在法国思想界流行的一些进步观点,俨然成为当时法国思想界的一个领军人物。同时,他还参与了国外的类似活动。

孔多塞早年就以数学研究而享有盛名。他认为,作为合理社会的一个必要条件,社会政治研究必须引用数理方法,使自身成为一门新学科,而概率论则是通向这门新学科的桥梁,即我们对社会现象的叙述是不可能精确的,但是对这些现象的概率估值却是可以确定的。这种以数学方法处理人事问题的努力,使他和维柯并列,成为 18 世纪建立"有效的"社会科学的努力中最有贡献的两个人。他在这方面的学术建树,代表作是 1785 年和 1793 年的两篇论文:《论多数的表决制的应用》和《概率演算教程及其对赌博和审判的应用》(即 *Essai sur l'application de l'analyse à la probilité de decision rendue à la pluralité de voix* 和 *Tableau général de la science qui a pour l'objet l'application du calcul aux science politiques et morales*, 英译见《孔多塞选集》,Indianapolis, 1976 年,第 33—70、183—206 页)。两文后来都成为概率论史上的名篇。他的目的是要创立一门社会数学,从而使知识摆脱人们感情的蒙蔽而步入理性的王国。

在百科全书派的青年之中,孔多塞是唯一亲身经历并参加了大革命的人。革命前,他是经济自由、宗教宽容和废除农奴制人身依附的积极宣传者。法国大革命爆发的三年前,即 1786 年,孔多塞出版了《杜尔哥传》。从那时起,他的家就成为大革命前夕最有影响的沙龙之一。1789 年又出版了《伏尔泰传》,书中反映了当时法国人民的悲惨处境。两书受到读者们的热烈欢迎。他的反教会统治的精神和对人民大众苦难的同情,成为法国大革命的思想前奏曲。

1789 年法国大革命爆发,孔多塞热烈欢呼,并且直接投身于政治活动。他以共和派的身份参加制宪议会,并担任会议书记。他热情地从事教育改革,起草教育法案,提出了教育世俗化和普及义务教育的原则。1791 年开始撰写《告欧洲各国书》,次年完成。但随后,由于他在政治上和吉伦特派有联系并参与制定 1793 年的吉伦特宪法草案,且反对处决国王路易十六,沦为少数派,遭到排斥,被罗伯斯庇尔政府以反叛罪宣判死刑。他在短期逃匿之后,于 1794 年春被捕入狱,随即死在狱中。在逃亡期间,他写出了他最后的也是最重要的一部著作《人类精神进步史表纲要》(以下简称《史表》)。书中强调人类文明是经历了九大阶段的进步而来的。未来的第十个阶段的特点则是:第一,消灭了各个民族之间的不平等;第二,消灭了阶级之间的不平等;第三,人们在德智体三方面的平衡发展;第四,人们都要求自由,所以必须废除国家之间的不平等、阶级之间的不平等和个人之间的不平等。既然人们都要求自由,就必须以人们都平等为其条件。

在思想上,他受到卢梭和杜尔哥很大的影响。在社会观点上,他坚持自然法的理论,反对封建等级特权;在政治观点上,他颂扬自由、平等、民权、人道和启蒙,谴责殖民者的掠夺,并把战争看作"最大的罪恶";在哲学观点上,他坚持无神论和感觉主义。《史表》一书鲜明地反映了启蒙时代的历史观,在书中他努力想阐明什么是历史发展的规律、阶段和动力。

孔多塞是西方历史哲学中历史进步观的奠基者之一。作为启蒙运动对天命论和神学历史观的反题,他认为历史的进步是和人类理性在每一个时代的发展状况相互制约的。历史并不是英雄人物所创造的伟大业绩,而是人类理性觉醒的产物。历史进步的阶段,基本上就对应于人类理性发展的阶段。因此,《史表》一书的主旨就在于表明,历史乃是人类理性之不断解放的过程:第一步是从自然环境的束缚之下解放出来,第二步是从历史的束缚之下解放出来。进步的要义就在于扫除历史前进道路上的障碍,这些障碍来自两个方面:既来自在上者的专制主义和等级制度,也来自在下者的愚昧和偏见;但是这两者都可以并且应该被政治的和知识的革命扫除。历史也就是一幕理性力量自我发展的表现。人类必须服从自然律;但人类集体长期努力的结果,也反过来可以约束和利用自然力,而这仍然可以被视为自然界的一个组成部分。也就是说,人之解放于自然界的束缚,这本身也是自然的。同样,人类自由的增长,其本身也是自然律的一部分。这样,18世纪启蒙运动的历史观——进步取决于人类理性的发展,并且人们因此有理由对于未来寄予无穷的信心和希望——就在他的《史表》中得到了鲜明的反映。

由于革命后的派系斗争,孔多塞在他生命的最后阶段,实际是一个政治逃犯,最后死在逃亡途中。但他的贡献是不会消逝的。后一个世纪,孔德(A. Comte)的社会学所受孔多塞的影响,就是一个鲜明的例子。后人总是站在前人的肩膀之上继续前进的。

生活在两个世纪之后的我们,今天读到两百年前这些启蒙思想家的著作,似乎对于他们真诚的信仰和乐观的精神,只能够是艳羡。我们艳羡他们的幸福:他们的一生满怀着那么美好的热望。相形之下,两百年后的我们在某些方面,虽然确实取得了他们所无法比拟的进步,但是20世纪却也见证了空前的愚昧、野蛮和残暴。能够说人类精神是在不断进步的吗?能够说这种进步就足以把人类历史逐步引入地上的天堂吗?假如是的,那立论也不能再仅仅是一种天真的信仰。如果说物质享受(或金钱)就是幸福,我们今天大概要比他们幸福;但如果说物质享受(或金钱)并不就是(或不完全是)幸福,则我们对幸福的理解,就不能像他们那样仅仅诉诸对理性(或对人的"善意")的信仰了。没有知识(启蒙)的人是愚蠢的,但有知识、有学问的人是不是就更仁慈、更宽容、更善良呢?看来,20世纪历史学家的义务,仍是要对18世纪的课题做出更深刻的探讨和更高明的解答。

《史表》本来是孔多塞计划中的一部更大的历史著作的一篇提要,这部大著他酝酿了许多年,其中涉及普遍的科学语言、知识的十进分类法、人类文明各种因素对历史的作用等等,但没有来得及完成。他的声望和思想贡献主要在于他这部匆促草就的《史表》，它被后世公认为代表着启蒙运动理论和理想的一个高峰。

本书手稿现存巴黎的法兰西学院图书馆（Bibliothèque de l'Institut），编号885；它是作者偕维尔纳夫人（Mme Vernet）在逃亡途中写成的。在手稿中作者自注说，全书于法兰西共和二年一月十三日（即1793年10月4日，星期五）完稿。全稿显然是匆促之中写成的，甚至有一部分写在废纸的背面，其中笔误甚多并有大量涂改。原稿题名为《人类精神进步史表大纲》（*Prospectus d'un tableau historique des progrès de l'esprit humain*）。但现存于法兰西学院图书馆及法国国家图书馆（Bibliothèque nationale）中作者有关本书的笔记都足以说明，作者早在逃亡以前多年即已准备本书的写作了。所以本书的写成虽然是急就篇，然而其思想却是经历了很长时间的酝酿的。

本书最初出版于共和三年（1795年），印行三千册，这个初版的文字与学院图书馆手稿有若干不同，而且文字也更为流畅。这些改动究竟是根据作者本人后来改订的另一份手稿，抑或由别人加工，现在尚不能确定。《孔多塞全集》于1847年出版，本书被收入其中的第六卷，与初版的文字也有出入。据《全集》编者阿拉哥（Arago）说，"根据手稿"加以修订，但并未说明所根据的是什么手稿。这部《全集》是由孔多塞的女儿欧康纳夫人（Mme O'Connor）协助阿拉哥编订的，所以很有可能它根据的是欧康纳夫人所藏的另一份手稿。

目前一般采用的通行定本是由剑桥大学教授普雷尔（O. H. Prior）订正，后又经巴黎大学教授贝拉瓦（Yvon Belaval）重加整理的本子；中文译文就是根据这个定本译出的。原书系1970年巴黎 J. Vrin 哲学出版社出版，共247页。翻译过程中曾参照了巴拉克劳（June Barraclough）的英译本（纽约，Noonday 出版社，1955。部分收入 K. M. Baker 编《孔多塞选集》，Indianapolis，Bobbs Merrill 公司，1976）。这个英译本的缺点是并未逐字逐句地严格符合原文，往往流于只是译述大意。

本书作为思想史上的经典文献，已被翻译成许多国家的文字。它似乎理所当然地也应当有中译本以供我国学术界研究、参考和批判。译文承友人中国社会科学院世界历史研究所许明龙先生校阅过，谨此致谢。然而错误和不妥之处仍然在所难免，衷心希望能得到专家们和读者们的指正。

译者谨识

2013 年 6 月底改定

目　录

译者序　1

绪　论　1

第一个时代　人类结合成为部落　11

第二个时代　游牧民族
　　——由这种状态过渡到农业民族的状态　15

第三个时代　农业民族的进步
　　——下迄拼音书写的发明　21

第四个时代　人类精神在希腊的进步
　　——下迄亚历山大世纪各种科学分类的时期　36

第五个时代　科学的进步
　　——从它们的分类到它们的衰落　50

第六个时代　知识的衰落
　　——下迄十字军时期知识的复兴　73

第七个时代　科学在西方的复兴
　　——从科学最初的进步下迄印刷术的发明　85

第八个时代　从印刷术的发明
　　——下迄科学与哲学挣脱了权威束缚的时期　95

第九个时代 从笛卡儿
　　——下迄法兰西共和国的形成　119
第十个时代　人类精神未来的进步　165
参考书目　192
人名索引　197

绪 论

一个人生来就有可以接受各种感觉的能力，有可以知觉和辨别它们所由之而组成的那些单纯的感觉的能力，可以保存它们、认识它们、组合它们，可以在它们之间比较这些组合，可以掌握它们的共同之处和它们的不同之点，可以对所有这些对象加上各种符号以便更好地认识它们并促成各种新的组合。

这种能力在他身上乃是由于对外界事物起作用而得以发展起来的，也就是说乃是由于呈现有某些组合而成的感觉；而这些感觉的守恒性——无论是在感觉的同一性方面，还是在它们的变化规律方面——乃是独立于他本人之外的。它同样地也是由于他和与自己相类似的那些人相交往，最后也是由于这些起初的发展引导人们发明了各种人工的方法而得以发展起来的。

感觉伴随着快乐和痛苦；而人又有同样的能力可以把这些暂时的印象转化为甜美的或悲苦的持久情绪，并根据观察或回忆而体验到别的有感觉的人的种种快乐和痛苦。最后，由这种能力与人们可以形成并组合各种观念的能力相结合，便在他本人和他同类的人之间产生了各种利益与义务的关系，而大自然本身则一直是要把我们幸福中最珍贵的那部分和我们苦难中最悲痛的那部分加在那上面的。

如果我们把自己只限于观察和认识这些能力的发展所表现出来的

全人类每个个体所共有的普遍事实和永恒规律，那么这种学问的名字就叫作形而上学。

但是如果我们就其在同一个时间的某一空间之内对每个人都存在着的那些结果来考虑这同一个发展过程，并且如果我们对它的世世代代加以追踪，那么它就呈现为一幅人类精神进步的史表。这种进步也服从我们在个人身上所观察到的那些能力之发展的同样普遍的规律，因为它同时也是我们对结合成为社会的大量个人加以考察时那种发展的结果。但是每个时刻所呈现的结果，又都取决于此前各个时刻所提供的结果；它也影响着随之而来的各个时代的结果。

因而这幅史表便是历史性的，因为它受着永恒变易的制约，是由于对人类社会所经历的各个不同时代的持续观察而形成的。它应该显示出这些变化的秩序，展现出每一个时刻对随后时刻所施加的影响，并且还应该表明当人类在无数的世纪之中不断地更新其自身而接受种种改造时，他们所遵循的进程，他们向真理和幸福所迈出的步伐。对于人类曾经是什么样子和今天是什么样子的这些观察，于是便会引导我们找到保证并加速我们的天性所容许我们还能希望有新的进步的种种办法。

这就是我所从事这部著作的目的，而它那结果将是要显示：依据推理并依据事实，自然界对于人类能力的完善化并没有标志出任何限度，人类的完美性实际上乃是无限的；而且这种完美性的进步，今后是不以任何想遏阻它的力量为转移的；除了自然界给我们设定的这个地球的寿命之外，就没有别的限度。毫无疑问，这种进步所经历的行程可能或快或慢；但是，只要大地在宇宙的体系中仍将占有同样的地位，只要这个宇宙体系的普遍规律不会在这个大地上产生一场全盘的天翻地覆，或者产生那样的一些变化，以致人类在其中不再能保存并运用他们的这些能力或者再也找不到同样的这些资质，那么这种进步就绝不会倒退。

我们观察到的最初的人类文明状态乃是一种人数很少的社会状态，他们靠着渔猎为生，只懂得制造他们的武器和某些生活用具，以及构筑或挖掘居处的粗糙技术；但已经有了语言可以交流他们的需要，有了些许道德观念，在那里面他们找到了行为的共同规则；他们生活在家庭中，遵守某些起着法律作用的普遍习俗；甚至还有了一种粗糙形态的政府。

人们感到维持自己生活的不确定性和艰难性，极度疲劳和绝对闲逸两者的必然交替，绝不会让人有闲暇可以委身于自己的思想，使之有可能以各种新的结合来丰富自己的智能。满足自己需要的种种手段甚至太有赖于偶然和季节了，而不能有效地刺激一种行业，使它那进步得以传递下去；每个人都只是把自己限于完善自己的技能和自己个人的技巧而已。

因此，人类这时候的进步乃是异常之缓慢的，它只能是一点一点地做到，并且是在特殊环境的垂青之下。然而，我们已经看到，取代了以渔猎或由大地所自发提供的果实来维持生活的，乃是人类懂得了加以保养和繁殖并使之转化为畜牧状态的那些牲口所提供的食品。继而在这种手段之上，又加上了粗浅的农业；人类已不再满足于他们无意中所遇到的果实或植物了；他们学会了怎样储存它们，把它们收集在自己身旁，种植它们，并以耕作的劳动来促进它们的再生产。

在最初的状态，财产只限于他们猎杀的动物、他们的武器、他们的渔网、他们所掌握的工具，这时便转变为他们的牧群，然后又变成他们所开垦和耕种的土地。主人死后，这笔财产就自然而然地转移给了家庭。某些人便享有剩余，可以保存起来。如果这种剩余是绝对的，它便产生了更多的新需求；如果它只发生于某一种物品，而其他的却感到缺匮，这种需求就产生了交换的观念；从此，道德关系就变得繁多且复杂了。更高的安全性、更可靠的和更经常的闲暇，就使人能从事思考了，或者至少是从事持续不断的观察。对于某些个人来说，这种办法就导致了他们以剩余品的一部分来替代他们自身可以避免的劳动。于是人类就出现了一个阶级，他们的时间没有被浸没在体力劳动之中，而他们的愿望则伸展到他们的单纯需要之外。工业觉醒了，已有的工艺得到了扩展和完善；机遇向人们更加专心致志的观察所提供的各种事实，就催生了各种新工艺；随着生存手段变得越发安全和越发稳定，人口就增长了；农业在同样一片土地上可以养活数量更多的人，便取代了其他的生活资源；它有利于人口增殖，而这又反过来加速了他们的进步；人们所获得的各种思想，在一个已经成为更为定居的、更为接近的和更为密切的社会里，就更加迅猛地交流着而又更加确实地持续着。科学的曙光已经开始呈现了；人类表明自己已经脱离了其他的物种，并且看来不再像是它们那样地只局限于纯属个体的完善化了。

人类中间这时所形成的种种更加广泛、更加纷繁、更加复杂的关系，就使得他们感到必须有一种办法能向不在场的人们传达他们的思想，能以比口头传说更大的准确性来延长对事情的记忆，能比证人的回忆更确切地确定某种约定俗成的条件，能以一种更不受各种变化的约束的方式来认定那些备受尊敬的习俗，它们是同一个社会中各个成员都同意所据以规范自己的行为的。

于是人们便感到有书写的需要，并且发明了书写。最初它看起来是一种真正的图画，但尔后就被一种约定俗成的图像所取代了，它只不过是保留下事物的特征而已。随之，由于一种与已经被引入语言之中相类似的隐喻方式，一种物理对象的形象也就表达了道德的观念。这些符号的起源,也像文字的起源一样,终于被人忘怀了;于是书写就成为加在每一种观念、每一个字之上的,从而也就是加在这些观念和这些字的每一种变形之上的一种约定俗成的符号。

于是人们便有了一种书写的语言和一种口头的语言,两者同样都是必须学会的,两者之间还必须确定有一种相互的符合性。

这些天才人物,这些人道(humanité)之永恒赐福者,他们的名字乃至他们的国度都永远被埋葬在沉寂之中了;他们察觉到一种语言中所有的文字只不过是数目很有限的原始发音的组合而已;它们的数目尽管是非常有限的,却足以形成数目几乎是无穷的各种不同的组合。他们便设想,这些可见的符号不是用来表示观念或者与观念相应的字,而是用来表示构成为字的那些简单的元素。

于是,就发明了拼音书写;用少数的符号就足以写出一切,正犹如用少数的声音就足以说出一切;书面语言和口头语言是一样的,人们所需要的就只是懂得识别和组成这些为数不多的符号而已,而这最后的一步就永远保证了人类的进步。

〔今天如果能创造出一种书面语言来专门供科学使用,它只表示对所有的精神都恰好是同样的那些简单观念的组合,只用于严格的逻辑推理,只用于精确且细密的悟性(entendement)操作,它将为一切国度的人所理解并可以翻译成他们的各种方言,而不必像它们目前那样想变成通用时需要加以改变——也许这样一桩事将会是有用的。〕〔1〕

〔从而,这同样的一种书写(保存它只不过是有助于延长愚昧状态罢了),由于一场独特的革命而到了哲学的手中就变成了一种有用的

---

〔1〕 按,孔多塞此书有多个稿本,此处方括号内文字为法文版编者据其他稿本补入。以下各处方括号均同此例。——译注

工具，可以迅速地传播知识并完善科学的方法。]

我们发现历史上曾有过的一切民族，都是处于文化的这种程度和我们仍可看到野蛮部落所处于其中的那种程度这二者之间的；当我们看一下各个民族的通史时，我们便可依次看到他们时而做出新的进步，时而重新投身于愚昧之中，时而又在这种交替之间延续着或者是停留在某一点上，时而是在侵略者的铁蹄之下从大地上消失，或者与征服者相融合，或者生活于奴役之中，最后时而是接受某个更开化民族的知识，把它们再传给别的民族；于是在历史时代的开始和我们所生活的世纪之间，在我们所知道的最早的各民族和欧洲今天的各民族之间，便形成了一条绵延不断的链索。

于是，我们就可以在我提出所要加以追踪的这一史表中，看出有三个显然不同的部分。

最初的那个部分，是旅行家们的叙述向我们展现了人类在不开化各民族中的状态，我们不得不在某种程度上去猜测孤立的人们，或者不如说是只限于以必要的结合而进行繁衍的人们怎样能获得那类最初的完善化，其中最后一步便是使用发音的语言；这是最显著的差异，甚而是唯一的差异，它以某些更广泛的道德观念和一种微弱的社会秩序的开端而使人类有别于像自己一样生活在经常持久的社会之中的其他动物。因此，我们在这里就别无指导，而只能是靠对我们智识能力和道德能力的发展进行理论观察了。

然后，为了引导人们能达到使用技能，使科学知识能开始启蒙他们，使贸易能把各国联系起来，而最后使拼音书写得以发明的地步，我们还可以对这一最初的引导附加各个不同社会的历史，那种历史是在几乎所有的各种中间阶段上都可以被人观察到的；尽管我们无法跟踪分开人类这两大时代的全部空隙中的任何一个。

在这里,这一史表开始大部分有赖于历史传下来给我们的一系列事实;但却有必要在各个民族的历史中加以选择、加以对比、加以组合,以便从中演绎出一个单一民族的一部历史假说,并构造出其进步的史表。

自拼音书写在古希腊为人所知的时代以来,历史就以一系列连续不断的事实和观察而与我们的世纪、在欧洲那些最开化的国度中的人类的当前状态相联系着;而人类精神进步行程的史表就成了真正的历史。哲学就不需要再做任何的猜测,再构造任何组合的假说;只要搜集和排比事实,并表明由它们的链索和它们的整体之中所得出的有用的真理,这就够了。

末了,还剩下一个最后要加以追踪的史表,即我们的希望的史表,或者说留给未来世代的进步的史表,而那看来是自然律的守恒性向他们做出了保证的。这里就必须要表明:在什么程度上,在我们今天看来似乎是一种幻觉的希望,将会逐步地变为可能,甚至于还会是轻而易举的;何以尽管各种偏见也曾有过眼烟云的成功,并且得到腐化了的政府和民族的支持,但唯有真理才能获得持久的胜利;自然界是以什么样的纽带来把知识的进步和自由、德行、对人的自然权利[1]的尊重的进步都不可分解地联系在一起的;这些唯一真正美好的事物是如此之经常地被分割开来,以至于人们竟然曾相信它们是互不相容的,然而恰好相反,它们又怎样地应该成为不可分割的,只要知识一旦在大多数的国家里达到一定的地步并且渗透到整个广大人民群众中间去,他们的语言就会普及,他们的商业关系就会包括整个的大地在内。这种结合一旦在整个启蒙了的人类中间起着作用,那时我们就只能期待着它会是人

---

[1] "人的自然权利"(droits naturels de l'homme),旧译"天赋人权"。——译注

道的朋友，同心协力在促进自己的完善和自己的幸福。

我们将要揭示它那根源，我们将要追溯这类普遍错误的历史，它们或多或少地延缓了或者阻碍了理性的进程，它们往往也像政治事件那样，甚至于曾把人们推回到愚昧状态。

把我们引向错误或把我们留滞于其中的那种悟性的运作，经过一番巧妙的、似是而非的推论，竟可以掌握最开明的人们，使之陷入了精神错乱的梦境；但这却同样也是属于对我们个人能力的发展理论的正确推理方法或发现真理的方法。并且根据同样的理由，把普遍的错误引入人民中间并且在那里传播、在那里蔓延、在那里持续的方式，也构成为人类精神进步史表的一部分。正如使人类的精神完善化并照亮着它的那些真理一样，这些也都是它活动的必然结果，是在它所知道和它所愿望的东西与它相信有必要知道的东西这二者之间所永远存在着的那种比例失调的必然结果。

我们甚至可以观察到，按照我们能力发展的普遍规律，我们的进步的每一个时代都是要产生某些偏见的，但是它们却远远延伸到了它们的诱惑力或它们的领域之外；因为人们仍然保留着自己幼年时的种种偏见、自己国家的和自己时代的偏见，哪怕是在已经认识到了全部必要的、足以推翻它们的真理很久以后。

最后，在所有的国家、所有的时代，都有各种不同的偏见，随着各个不同阶级的人的教育程度，以及随着他们的行业而异。哲学家们的偏见有害于对真理做出新的进步；那些不开明的阶级的偏见则延缓了已经为人所知的真理的传播，而某些有权有势的职业偏见则对真理设置了种种障碍；这就是理性所不得不与之进行不断战斗的三种敌人，并且它往往只是在长期艰苦的斗争之后才能取得胜利。这类斗争的历史以及各种偏见的产生、胜利和失败的历史，因而就将占据本书的一大部分,并且将不会是其中较不重要的部分,也不是其中较为无用的部分。

〔假如有一门能预见人类进步、能指导进步、促进进步的科学,那么人类所已经做出的进步的历史就应该成为这门科学的主要基础。〕

〔哲学无疑地应该禁绝这一迷信,亦即相信除非是在以往世纪的历史里,否则就不可能发现行为的准则,除非是研究古人的见解,否则就不可能发现真理。但是难道不应该同样也禁绝在傲慢地摒除经验的教训的那种偏见吗?毫无疑问,唯有思索才能通过各种幸运的组合,把我们引向有关人的科学的普遍真理。然而如果对人类的个体的观察对于形而上学家、道德学家来说是有用的话,那么为什么社会研究对于他们以及对于政治哲学家就没有用呢?如果观察同时存在着的各种不同社会并研究它们之间的关系是有用的话,那么为什么就各个时代的顺序来观察它们就会是没有用的呢?哪怕是假设这类观察在研究思辨的真理时是可以忽略的,但是当涉及把这些真理应用于实践并从科学中推导出应该成为它的有用的结果的艺术时,难道它们也应该被忽略吗?我们的偏见以及由之而来的恶果,是不是在我们祖先的偏见中有着它们的根源呢?使我们免于受这类的欺骗而同时又防止另一类的最可靠的办法之一,难道不就是要去发掘它们的根源和作用吗?〕

〔我们是不是已经到了这样的一步,可以既不必再害怕新的错误,也不必害怕再回到老的错误上去;虚伪再也不可能带来,而愚昧或狂热再也不可能采取任何一种腐化的体制;并且任何邪恶的结合再也不可能对一个伟大的国家造成任何的不幸了呢?然则,懂得各个民族曾经是怎样被欺骗、被腐蚀或被投到苦难之中,难道会是无用的吗?〕

〔一切都告诉我们,我们正在触及人类一场宏伟的革命时代。除了在它以前已经发生过的并为它做好准备的那些革命的史表之外,还能有什么更适宜于启发我们在了解我们应该对它期待着什么,并向我们提供一份确切的指南能在它那些运动的激流之中引导着我们呢?知识的目前状态向我们保证,它将是幸福的;但是这难道不正是以我们懂得怎样使用我们的全部力量为条件吗?而且为了它所允诺的幸福代价不至于太昂贵,为了它能更迅速地在更广大的区域里传布开来,为了它的效果可以更加完整;难道我们不需要研究在人类精神的历史上有哪些障碍是我们还要警惕的,我们又有哪些办法是可以克服这些障碍的吗?]

我要把我准备讨论的领域划分为九个大时代[并且斗胆要在第十个时代试图看一下人类未来的命运]。

[我在这里将只限于提出它们每一个时代所特有的主要倾向;我将只论述其大体,而不纠缠于各种例外和各种细节。]

[我将要指出各种对象和结果;这部著作本身将提供种种发展过程和种种证据。]

第一个时代　人类结合成为部落

没有任何直接的观察教给过我们有关这种状态以前的情形;于是我们就只好考察人类的智识能力、道德能力及其体质的构造,才能够推测他们是怎样上升到文明的这一最初阶段的。

对可能有助于最初形成社会的人类体质的某些观察与对我们智识能力和道德能力的发展的概括分析,就可以作为对这一时代的史表的绪论。

家族社会对于人类似乎是自然而然的。起初它是由于孩子需要父母、母爱以及(尽管不那么普遍和热烈的)父爱而形成的;孩子们这种需要的长期延续,便有了充分时间产生并发展出一种恰当的情操,适合于激发想要延长那种结合的愿望。这同一期间已经足以使人感到它的那些便利了。位于一块能提供一种方便的谋生之道的土地上的一个家庭,就繁殖成了一个部落。

起源于若干分散家庭之结合的这类部落,应该是形成得较晚而且较为罕见的,因为这种结合有赖于并不很紧迫的动机而且有赖于大量的环境的组合。

制造武器的技术,加工食物的技术,获得进行这种加工的必要器具的技术,在一段时期保存这些食物的技术,储存食物以备不可能取得新食物的那些季节的不时之需的技术，所有这些技术都是为了极其简单的需要，它们乃是这种延续的结合的最初果实，并且是区别人类社会和其他各种动物所组成的社会的最初特征。

在某些这类部落里，妇女们在茅舍的周围种植某些可供食用的植物，这就补充了渔猎品。在另一些部落里，那些地方的土地天然地提供了植物食品；在这里，用心去寻找它们和采集它们，就占据了野蛮人的一部分时间。在后一种情况下，人们就更加感受不到结合在一起的用处了，我们便可以看到文明被减缩到几乎只是一个单纯家庭的社会。然而我们却发现到处都在使用着发音的语言。

与同类个人之间的更频繁和更持久的各种关系，他们利益的一致性，他们在共同狩猎中或是为了抵抗敌人而相互支援，这些都同样地会产生正义的情操和社会成员之间的相互感情。这种感情很快地就被转化为对社会本身的依恋。

对本部落敌人的激烈仇恨和无法熄灭的复仇愿望，就成为它的必然后果。

为了能够共同行动，无论是为了自卫还是为了更加不费力地获得更可靠和更丰富的生活资料，就需要有一个领袖，这便给这些社会引进了最初有关政治权威的观念。在关系到整个部落而应该采取一项共同决定的那些情况下，就应该咨询所有那些要参与执行的人。妇女们的柔弱把她们排除在远征、狩猎和战争之外，也同样地把她们排除在以狩猎和战争为通常议题的讨论之外。由于这些决定需要有经验，所以就只允许那些可以被认为是有经验的人参加。同一个社会内部所发生的各种争执是会扰乱它的和谐的，它们会毁灭它；所以大家很自然地都同意，决定应该是委之于那些由于其年龄或由于其个人品质而最能鼓舞人们信心的人。

这就是最早的政治体制的起源。

语言的形成应该是先于这些体制的。以约定的符号来表示各种对象，这种观念似乎是超乎那种文明状态之中的人的智力的；但看来很可能这些符号只是由于时间的力量而以某种不知不觉的方式逐渐地为人们所采用的。

弓矢的发明乃是某位天才人物的创作，而语言的形成则是全社会的创作。这两种进步同样是属于全人类的。一种较为迅速，那是由于为自然界所垂青的人类具有进行新的组合能力的结果；那是对他们的思索和他们的努力的奖赏；而另一种则较为缓慢，它出自所有相互结合的人都需要进行思索和观察，而且甚至于是出自他们在共同生活过程中所养成的习惯。

[有节奏的经常运动，做起来并不那么令人疲倦。那些观看它们或聆听它们的人，也更容易掌握它们的秩序和关系。因而，它们由于这双重的理由而成为欢愉的来源。所以舞蹈、音乐和诗歌的起源，就可以追溯到社会最早的孩提时代。舞蹈用于青年的娱乐，也用于公共的节庆。我们在这里也发现了爱情歌曲和战歌，人们甚至还会制造某些乐器。这些部落并非截然不知道雄辩的技术，至少他们懂得在郑重的言谈中采取一种更为庄严隆重的声调，而且即使修辞的夸张对他们也绝非是陌生的。]

被树立为美德的对敌人的报复和残暴，把女性贬低到一种奴隶地位的那种见解，被视为某一个家族的特权的那种在战争中的号令权，最后还有各种迷信的最初观念，这些都标志着这个时代的各种谬误，而我们就必须探讨它们的根源并阐明它们的动机。因为人是绝不会没有任何动机便采取自己最初的教育所不曾使之成为某种自然形态的那种错误的；假如他接受了一种新的错误，那正是因为它和儿童时代的某些错误是有联系的，那正是因为他的利益、他的感情、他的意见或者种种事件使得他倾向于接受它。

某些粗浅的天文学知识、某些对于草药用于医治疾病或创伤的知识，便是野蛮人的唯一科学了；而它们都已由于混杂了迷信而受到腐蚀。

然而这同一个时代，也向我们呈现了人类精神史上的一项重要的事实。

我们在这个时代中可以观察到一个体制的若干最初的迹象对时代的进程起着正反两种影响：它们既在加快知识的进步，而同时又在传播着错误，既以各种新的真理在丰富着科学，又把人民投入愚昧和宗教的奴役之中，它们以一种漫长的和可耻的暴政为代价来换取某些转瞬即逝的好处。

我这里指的是人们形成了一个阶级，他们掌握着科学原理或工艺方法、宗教的秘密和仪式、迷信的操作，甚至往往还有立法和政治的奥秘。我指的是人类之分裂为两部分：一部分人注定了是来教导别人的，另一部分人则是被造就来接受信仰的；一部分人傲慢地隐蔽起他们所自诩懂得的东西，而另一部分人则恭恭敬敬地接受别人所不屑于向他们宣示的东西；一部分人要把自己置于理性之上，而另一部分人则谦卑地舍弃了自己的理性并把自己贬低到人性的地位之下，他们承认别人具有比他们共同的天性更优越的特权。

这种区别——到了18世纪的末叶，我们的教士们还在向我们表现出它那残余——在未开化的野蛮人中间都可以发现，他们已经有了他们的庸医和巫师。这一点是非常普遍的，我们在文明的各个时代里都经常遇到它，因而它在自然界本身之中是不会没有基础的；这样，我们便会在这些初民社会的人们的能力之中发现最早的受骗者们盲从的原因以及最早的骗子们那种粗陋的狡诈的原因了。

第二个时代　游牧民族

——由这种状态过渡到农业民族的状态

把狩猎中所捕获的动物存养起来这一观念,应该是很容易出现的;只要驯化这些动物使得它们易于看管,只要居处周围的土地能给它们提供充分的食料,只要家庭能有剩余,并且可能害怕由于另一次狩猎的不成功或者由于时令不调而沦于匮缺。

在将这些动物作为简单的储存品加以保存之后,人们便注意到它们是可以繁殖的,并由此而可以提供一种更为持久的资源。它们的奶则提供了另一种新食品;于是这些牧群的产品,起初只不过是对狩猎品的一种补充,这时候就变成了一种更为可靠、更为充裕和更为省力的生活手段。这时狩猎就终止其作为首要的谋生手段,然后甚至于不再被列入谋生手段之内了;它只是作为一种娱乐而被保留了下来,同时也作为保卫牧群对抗凶猛野兽的一种必要的防范措施,牧群的数量已变得非常之多,在居住地的周围已经不能再找到充分的食物了。

一种更为定居的、劳累较少的生活,就对人类精神的发展提供了一种有利的闲暇。人们的生活有了保障而不再为自己起码的生活需要感到不安时,便要寻求可以满足感官享受的新办法了。

技术有了某些进步;人们获得了饲养家畜的某些知识,可以促进它们繁殖,甚至可以改善它们的品种。

人们学会了用羊毛做衣服,穿着织物的习惯就取代了穿着兽皮的习惯。

家庭社会变得更加稳定了,却并未因此而疏远。由于每个家庭的牲畜不可能同等地繁殖,于是就出现了财富的差别。这时人们就想到和另一个没有畜群的人分享自己畜群的产品,而这另一个人则要把自己的时间和精力都贡献给为牲畜所需要的照料。这时人们便看到一个体质良好的青年人的劳动,比起维持他自己生存的严格所需来,要值得更多;于是人们就采用了保留战俘当奴隶的办法,代替了屠杀战俘。

在野蛮人中间也在奉行着的友好好客,在牧人的民族中间,甚至于在那些住在车上或帐篷中的游牧民族中间,就获得了一种更公认的和更庄严的性质。在个人与个人之间、家庭与家庭之间、民族与民族之间,就有了更频繁的机会来相互表现出友好好客。这种人道性的行动就成为一种社会责任,并且人们使它要服从规则。

最后,随着某些家庭不仅有了可靠的生活资料,并且还经常有积余,而另一些人则缺乏生活的必需品,于是对他们苦难的天然同情心便产生了行善的情操和习惯。

风尚更加和善了,妇女受奴役的地位也不那么严酷了;富人家的妇女们已不必再被罚去从事艰辛的劳动。

用于满足各种不同需要的物品以及用以制造它们的工具之更为多样化,它们分配之更为不平等,就使得交换成倍地增长并产生了真正的商业;它的扩张不能不使人感到必须要有一个共同的尺度、一种货币。

部落变得数目越来越多了,当他们定居下来时,他们的住处就越发分散了,以便更易于饲养畜群;或者是,当人们学会了利用他们所驯服的某些种类的牲畜来负重和载运时,他们的住处就变成了可移动的帐幕。

每个民族(nation)都有一个领导作战的领袖；然而它由于需要保证牧地而分成许多部落(tribus)，每个部落也有它自己的领袖。几乎在所有的地方，这种优越地位都是附着于某些家族的。拥有许多畜群、众多奴隶、役使大量贫穷的公民为自己服务的那些家族领袖，就分享他们部落领袖的权威，正如部落领袖分享民族领袖的权威一样，至少是在对年龄、对经验和对功劳的尊敬赋予了他们这种威信的时候。我们必须把奴隶制和人与人之间在成熟时期所出现的政治权利上的不平等的起源，都归之于社会的这个时代。

对于已经日益繁多而又日益复杂的各种争端，就要由家族领袖们和部落领袖们所组成的会议来做出决断了，他们或是根据天然的正义或是根据公认的习惯。这类决断的传统就认定了习俗并延续了它们，不久便形成一种更正规的、更经常的而且是社会的进步使之成为必要的一套法系。财产及财产权的观念，就获得了更大的范围和精确性。继承权的分配就变得更加重要，并且需要被纳入固定的准则。日愈频繁的各种约定，就不再限于那么简单的对象了；它们就需要服从种种形式；而为了保证它们的执行，公布它们存在的方式也要有其自身的法律。

观察星象的实用性，它们在漫长的夜晚所提供的那种专业，牧人们所享受的闲暇，这些都给天文学方面带来某些微弱的进步。

但是同时我们也看到，骗人的艺术也在完善着，为的是要掠夺人民并以一种建立在恐惧和虚幻的希望之上的权威来篡改民意。已经建立了更加正规的宗教崇拜，结合着更为精致的各种信仰体系。对超自然的力量的观念，在某种程度上是被精炼了的；并且随着这些见解，我们就看到出现了教会诸侯，这里是一些祭司的家族和部落，那里又是另一些教士集团；然而总有着肆无忌惮地运用特权的某些人的一个阶级；他们脱离人民以便更好地奴役人民;他们力图独占医学和天文学,以便把征服人类精神的种种手段都结合在一起,不让任何人来揭穿他们的虚伪,砸烂他们的暴政。

[语言日益丰富了,却并未变得更少隐喻,或更少任意性,它们所使用的形象变得更加多样而又更加甜蜜;人们取材于牧歌的生活以及森林的生活,取材于自然界的正常现象以及它那颠倒错乱的现象。在使得听众们更加心平气和从而也更难伺候的那种闲逸之中,咏唱、乐器和诗歌也都更加完善了,这就容许人观察自身的情感,判断自己原来的观点,并在其间做出选择。]

观察使得人们注意到,某些植物会对畜群提供更好的或更充足的食料。促进这些植物的繁殖并把它们和其他只能提供不良的、不健康的乃至危险的食品的植物分别开来,这种好处人们已经感觉到了;他们也已经发现有关的办法。

同样地,在土地自然地提供了植物、谷物、果实的那些地方,和畜群的产品一道为人们提供营养,人们也观察到了怎样繁殖这些植物,进而设法把它们聚集在最靠近他们居住区的土地上,把它们和其他无用的植物分别开来,以便使这片土地都归他们,保护它们免遭野兽、畜群乃至别人贪婪的侵犯。

这些思想在比较肥沃的而其土地上的天然物产几乎足够维持人们生活的地方,应该甚至是早就产生了的,并且还在产生着。于是,他们就开始投身于农业。

在土地肥沃的地区,在良好的气候下,同样一片土地用来生产谷物、果实、根块,要比作为牧场,可以养活更多的人。因此,当土壤的性质并不太难于进行这种耕作时,当人们发现有办法可以把服务于牧人的游徙和运输的那些牲畜用之于耕作时,当农具获得某些改善时,农业在这些进步中就成为最丰富的生活资料的来源，成为各族人民的首要职业；而人类便达到了第三个时代。

自无从记忆的时间起，某些民族就一直停留在我们所描述过的这两种状态之一。不仅他们并没有把自身提高到新的进步，而且他们与其他已经达到更高程度的文明民族的关系以及双方之间所开辟的商业，也并未能产生那样的一场革命。这些关系、这种商业给他们带来了某些知识、某些工艺，尤其是大量的罪恶，然而却未能把他们从那种静止不动的状态之中牵引出来。

气候、习惯，附着于几乎是完全的独立性之上的那种美好（它是唯有在一个比我们的社会更为完美的社会里才可能重新出现的），人们对儿童时期所接受的种种见解和对自己乡土的种种习俗的天然依恋，愚昧无知，对于一切新事物的天然反感，战胜了还很脆弱的好奇心的肉体的怠惰，尤其是精神怠惰，迷信已经对这些初民社会所施加的影响，凡此种种都是造成这一现象的主要原因；此外还必须再加上贪婪、残酷、腐化和开化民族的偏见。这些开化的民族比起其他民族来，显得更强大、更富裕、更有教养、更活跃，然而却更为邪恶，尤其是更为不幸。其他民族往往倒不是惊讶于这些开化民族的优越性，反而是对他们的需求之繁多和广泛，对他们所受贪欲的折磨，对他们总是活跃着的、总是无法餍足的种种激情的永恒动荡感到恐惧。有些哲学家抱怨这些民族，另有些哲学家则赞美他们；前者所称之为愚蠢和懒惰的，后者则称之为智慧和德行。

他们中间所出现的问题，将在本书的论述中得到解决。我们在本书中将看到，何以随着精神的进步而来的并非总是社会朝着幸福与德行进步，而偏见与错误二者的混合又怎样可能变更本来应该是由知识产生善，而善之有赖于知识的纯洁性更甚于有赖于其广泛性。［这时，我们也将看到,一个粗糙的社会向启蒙了的和自由的民族的文明状态之激烈而痛苦的过渡,绝不是人类的一场堕落,而是在它朝向自身绝对完善化的逐步进程中的一场必然的危机。我们将看到,产生了开化民族的罪恶的并不是知识的增长,而是知识的堕落;而且最后,知识绝没有败坏人类,而是使他们变得柔和,尽管知识尚未能纠正或改变他们。]

第三个时代 农业民族的进步
——下迄拼音书写的发明

我们迄今为止一直在追踪着的这一史表的那种一致性,马上就要消失了。区分各个民族的风尚、特性、见解和迷信,已经不再是细微的差别了。这些民族都附着于自己的土地并且几乎是毫无杂质地保存着每一个原始家族。

侵略、征服、各个帝国的形成及其倾覆,很快地就融混了各个国家,时而把他们分散到新的领土之上,时而又把各种不同的民族同时分布到同一片土地上。

事件的偶然性不断地在打扰自然界的这一缓慢而有规律的进程,往往是延缓它,有时候则是加快它。

我们在某一个世纪的一个国家里所观察到的现象,往往是起因于千里之外和千载之上的一场革命的作用;时间的夜幕遮蔽了这些事件的大部分,其中我们所看到的只是它们对于我们的前人所施加的影响,并且有时候也延及我们自身。

但是我们首先必须考虑这一变化在单独一个国家之内的效应,而不管种种征服与各个民族的融合能起什么影响。

农业把人束缚在他所耕种的土地上。人们再也不用运输他的人、他的家庭、他的狩猎工具了;他甚至也不再驱赶他的畜群在自己前面走。从前不属于任何人的土地现在不再在他的征途之中向他本人或向为他供应食物的那些牲畜提供食品了。

每一块土地都有了一个主人，土地上的果实都是属于他一个人的。当收成超过为了获得它们所必要的支出时，超过为此而操劳的人们和牲畜维持生活的所需时，它便向这位主人提供了一份逐年增加的财富，那是他不需要以任何劳动来换取的。

在社会最初的这两个阶段，所有的个人，至少是所有的家庭，差不多都要操作所有各种必要的技术。

然而，当有人不劳动而获得自己土地的产品，而另有人收受前者所付给他的报酬时，当劳动成倍地增长时，当技术过程变得更为广泛、更为复杂时，共同的利益马上就强迫人们进行分工。人们觉察到，当一个人的劳作是用于较少的对象上面时，它就会越发完善；当长期的习惯使人更加熟练地劳作时，双手就能更加迅速而精确地操作少数的动作；当人们越发经常反复地做一件工作时，把它做得更好就越发不需要智慧。

于是，当一部分人从事耕作劳动时，另外的人就制造工具。照料家畜、管理家务、制作织物，就同样地成了专门的职业。有的家庭只有不大的地产，单独这样一种职业不足以占用一个人的全部时间，所以他们就几个人来分享一个人的劳动和工资。不久，工艺所使用的材料也增多了，它们的性质要求有不同的工艺，于是要求相同工艺的那些就形成了专业，其中的每一种都附有一个专门的工人阶级。商业扩大了，包括有更多数量的物品并把它们运至更广阔的地区；于是就形成了另一个阶级，专门从事购买、保存、运输和出售货物以取得利润。

于是在我们已经可能在畜牧生活中所区分的三个阶级，即主人阶级、附属于主人家庭的家仆阶级和奴隶阶级而外，现在就必须再加上各种工人阶级和商人阶级。

就是这时候,在一个更为固定、更为紧密并且更为复杂的社会里,人们就感到了具有一套更正规的和更广泛的立法的必要性;它需要以更严格的准确性来做出决定,无论是对犯罪的惩罚,还是对约定的形式,它需要把人们所要诉之于法律的种种事实的认定方法置于更为严格的准则之下。

[这些进步乃是需要与环境这两者之缓慢而渐进的产物;这就在我们已经追踪过的各游牧民族的道路上又迈进了几步。]

[在最初的时代里,教育纯粹是家庭的。孩子们跟着自己的父亲受教育,无论是在共同的劳动之中,还是在父亲所操作的技术之中;孩子们从他那里接受的,既有关于形成了本部落历史和家族历史的少量传说,也有他们中间所流传下来的各种神话,以及对构成他们粗糙的道德的那些民族习尚、原则或偏见的知识。人们在与朋友的社交中创造了歌唱、跳舞和军事操练。]

[在我们这里所达到的这个时代,更富有的家庭的孩子们就接受了一种共同的教育,或是在城市里由老人来教诲,或是在他们所依附的一个领袖的家中。就在这里,他们被教导以本国的法律、他们的习俗与偏见,而且他们学会了歌唱,其中包括有他们历史在内的诗篇。]

[一种更为定居的生活习惯,就在两性之间确立了一种更大的平等。妇女不再被当作一种单纯的用具,就像是奴隶那样,只不过更与主人亲近而已。男人把她们看成伴侣,并且终于懂得她们可以使他们幸福。然而,哪怕是在她们最受尊敬的国度里,那里是禁止多妻制的,理性和正义也都没有在义务方面或在离婚权利方面达到全面的相互对等,或在对于不忠贞加以惩罚方面达到平等的地位。]

[这类偏见及其对人类命运的影响的历史,是应该列入我所要准备追溯的这张史表之内的;没有别的什么可以用来更好地表明,人类的

幸福对理性的进步依赖到什么地步。]

有些民族始终分散在乡间。另有些民族则聚集在城市里,城市成为国家领袖、分享他那权力的各部落领袖以及各个家庭的长者的居住地。正是在这里,人们积蓄了自己最宝贵的财富,保护它们以防盗贼,而盗贼同时也随着定居者的这些财富而增多。当民族始终是分散在自己的领土上的时候,惯例是确定一个时间和地点,以便领袖们聚会商讨共同关心的事,以及审判者进行宣判。

凡是认为有着共同的起源并操同样语言的一些民族,几乎总是形成一个多少是很密切的联盟,然而它们之间并不放弃彼此作战;他们结盟或是反对外来敌人,或是为了报复自己所受的伤害,或是为了共同履行某种宗教义务。

好客和商业即使是在起源不同、风俗和语言不同的各个民族之间,也形成了某些经常性的关系;抢劫和战争虽然经常干扰这些关系,然而,随后那种必要性便又复活了,它要比掠夺的嗜好和复仇的渴望更加有力。

杀戮被征服者,剥夺他们,把他们转化为奴隶,这些已不再构成敌对民族之间被公认的唯一权利了。割地、赎金、纳贡就部分地取代了这些野蛮的暴力行为。

在这个时代,凡是掌握着武器的人都是军人,拥有优良武器的人,能够出色地使用武器的人,能够向别人供应武器的人,由于聚集了贮备,便发现自己是处于可以供给别人之所需的那种状态,也就必然地变成一个领袖;然而这种几乎是自愿的服从并不会引向奴隶式的依附。

由于人们很少需要制定新的法律,由于公民们不是必须缴纳国库开支,而且假如有必要的话,领袖们的财产或公共所保留的土地也会缴纳开支,由于以规章限制工商业这一观念还不曾诞生,由于攻击性的战争是由普遍的同意所决定的,或者是纯粹由那些自愿受到爱光荣和好掠夺所吸引的人们进行的;所以人们就以为在这种粗糙的统治之下自己是自由的,尽管首脑们几乎普遍是世袭的,尽管其他下级领袖也篡夺了特权来分享政治权威并执行政府职能以及行政职能。

然而一个领袖往往醉心于个人的报复,醉心于为所欲为的暴力行动;往往在这些特权家族之中,傲慢、世仇、爱欲和贪财增多了罪行,而聚集在城市里的领袖们则成为君主的情欲的工具,他们挑起派系和内战,以不公正的判决压迫人民,以他们野心的种种罪行和他们的强盗行为来折磨人民。

在为数众多的民族中,这些家族的恣睢放纵耗尽了人民的忍耐力;他们被消灭、遭到驱逐或公共法律的镇压,他们很少能保留具有公共法律所限定的权威的那种称号;于是我们便看到建立起了我们后来所称的共和国。

况且,那些被仆从们所围绕着的君主,因为自己还有武器和钱财可以分给他们,便行使一种绝对的权威,这便是暴君制的起源。

在另外一些国土上,尤其是在那些并没有聚集在城市之中的小民族的国土上,这类粗糙体制的最初形态仍然被保留着,直到我们看到这些人民或者是沦于一个征服者的羁轭之下,或者是他们自己也被强盗行为的精神所吸引而扩张到别国的领土之上的时刻为止。

这种暴君制必然只局限于一个很小的区域,只能有一个短促的寿命。人民很快就会挣脱仅仅是以暴力所强加的,即使是舆论也无法加以维持的羁轭。这种魔鬼暴君被人看得太清楚了,不可能不激起人民的憎恶更有甚于恐惧;强制力也像舆论一样,是不可能铸成持久不坏的枷锁的——假如暴君们不是把自己的帝国扩张到足够遥远的地方,以便能向他们所分裂和压迫的国家掩盖自己力量和弱点的秘密的话。

共和国的历史是属于下一个时代的了;然而我们目前所关注的,却向我们呈现了一幅新的景象。

一个农业民族屈服于一个异族之下,是绝不放弃自己的家乡的;他们不得不被迫为他们的主人而劳动。

有时候征服者的国家满足于让领袖们在被征服的领土上进行统治,让兵士们去承担防务,尤其是控制其居民并向屈服的和被解除了武装的人民榨取货币或实物的贡赋。有时候它就强占土地本身,把这种财产分配给自己属下的军人;然而这时候它仍然把原来耕种土地的隶农[1]束缚在每一块土地上,使他们忍受法定的、严酷程度不同的那种新型的奴役。服兵役和纳贡赋对征服者民族的每个个人来说,都是他们享有这片土地的附带条件。

另有一些时候,它给自己保留了土地的所有权,而只是作为使用收益权(usufruit)才分配土地,同时还强加以同样的这些条件。情况几乎总是要同时使用这三种方式来奖赏征服者的工具们并剥夺被征服者。

从此我们便看到人类产生了新的阶级:统治者民族的后代和压迫民族的后代;与共和国的贵族(patriciat)[2]绝不可混为一谈的世袭贵族(noblesse);虽说并不是奴隶但却受到惩罚要去劳动,处于从属地位而备受侮辱的人民;最后还有与家内奴隶有别的田野奴隶,他们所受的那种专横较少的奴役方式使他们可以依法反抗主人的为所欲为。

在这里,我们还可以看到封建制的起源,它并非是我们地区的特殊灾难,而是我们几乎在全世界各个同样的文明时代都曾发现过的,并且

---

[1] "隶农"原文为 colon,即拉丁文的 colonus,此词原指罗马帝国末期大庄园的劳动者。——译注

[2] patriciat 一词字源上系指罗马共和国时期的贵族。——译注

每一次都是同一方领土被两种人民所占领,而胜利则在他们之间确立了一种世袭的不平等。

最后,专制主义也仍然是征服的结果。我这里所谓的专制主义,有别于短暂的暴政,乃是指一族人民处于唯一的一个人的压迫之下,这个人以其意见、以其习惯,尤其是以服从他那专断权威的军事力量在统治着他们,然而他的偏见也受到尊敬,他的为所欲为也受到阿谀,他的贪心和骄傲也受到照顾。

被一支由征服者的民族组成的数量庞大而且精选的武力所直接环绕着,被最有力量的军事领袖所簇拥着,由将军们(这支军队的各个部门都听命于他们的号令)来控制各个省份,专制主义就能够以恐怖来治国了;而在他那被打倒了的人民或是在那些分布各地而又彼此相争的首领之中,没有一个人有可能设想以武装反抗他,而他所调遣的武力却又不能马上就粉碎他们。

一场卫队举事、一次首都叛变,对一个专制君主可以是致命的,但却不会削弱专制主义。一支胜利军队的统帅可以摧毁一个被偏见所神圣化了的家族,建立一个新的王朝;但那只是为了实行同样的暴政。

在这第三个时代,还不曾经历过无论是作为征服者或是作为被征服者的那些不幸的民族,便向我们提供了农业民族那种淳朴和刚毅的德行以及那种英雄时期的风范,其中有一种伟大和勇敢、慷慨和野蛮的混合,使得我们这份史表是如此之引人入胜,而把我们引到了要崇拜他们,甚至于要惋惜他们的地步。

但在征服者所建立的各个帝国中,我们所看到各种风尚的史表,却相反地向我们提供了专制主义和迷信可能把人类导向各式各样腐化与堕落的阴暗景象。正是在这里,我们便看到产生了各种情况:对工商业的赋税,强使每个人去购买按自己的意愿来使用自己能力的权利,限制人选择自己的工作和使用自己财产的法律,强使孩子们依附于他们父亲的行业、没收财产和酷刑的法律;总之,对人类的鄙视所可能发明的一切肆无忌惮的行为、合法的暴政和迷信的专横都包括在内。

［我们可以注意到,在根本没有经历过任何伟大革命的部落中间,文明的进步是被滞留在非常落后的地步。可是当时的人们已经认识到了,新观念和新感觉的需要乃是人类精神进步的首要动力;已经认识到了,对那些奢侈的、多余物品的兴趣乃是对工业的刺激;已经认识到了,那种好奇心正以贪婪的眼光穿透自然界用以遮蔽起她自己秘密的那层幕幔。然而几乎到处都发生过,人们为了逃避这类需要而以一种狂妄的心情寻求并采用种种生理的办法,为自己获得可能使自己不断有新奇感的种种官能作用,诸如使用酿造的酒、热饮料、鸦片、烟草、蒌叶等的习惯。很少有哪个民族是我们不曾见过有任何这类习惯的,由此所产生的快感可以充满一整天或随时都可以重复,使人感觉不到有时间的重担,它满足了人的消遣或兴奋的需要;它终于麻痹了人们并延长了人类精神的幼稚状态和无所作为的期限。同样是这些习惯——它们曾经是愚昧的或受奴化的民族的进步的障碍——在开化的国度里也仍然在反对真理在各个阶段之中传播平等的和纯粹的知识。］

在指出社会最初这两个时代的工艺是怎样的状况时,我们已经看到了在制造木器、石器或兽骨,制作兽皮或制造织物等技艺之上,这些原始民族又怎样地加上了各种更为困难的染色、陶器乃至开始金属制作的技艺。

这些技术的进步在各个孤立的国家里应该是很缓慢的,然而各国之间所确立的交通,哪怕是很微弱的,却加速了它们的进程。一个民族所发现的新工艺方法,就为它的邻居们所共有。征战往往是破坏技术的,但开始时却是传播技术的,并有助于它们的完善化,后来才阻碍了它们并促成了它们的衰落。

［我们看到有许多这类的技术在那些民族中间达到了更高度的完美，在他们那里长时期的迷信和专制主义的影响已经耗尽了人类的全部能力。然而如果说我们看到了这类奴役式的工艺的奇迹，我们却也看到其中并没有任何东西表明天才的存在；其中一切的完美看来都不过是一件缓慢而苦痛的漫长陈规陋习的作品而已；尤其是伴随着这种令我们惊异的工艺品的，我们还觉察到了无知和愚蠢的痕迹，这就向我们泄露了它们的根源。］

在和平定居的社会里，天文学、医药学、最简单的解剖学概念、对某些矿物和植物的知识、对自然现象研究的最初因素，都得到了完善，或者不如说是由于时间本身的效果而得到了开展；它们增进了人们的观察，并以一种缓慢而确凿的方式引导着人们很容易并且几乎是在一瞥之下就掌握了从这些观察之中所应得出的某些普遍的结论。

然而这类进步却是极其脆弱的，而各种科学将会更长期地停留在其最初的幼稚状态，假如不是某些家族，尤其某些特殊的世袭等级使之成为他们的光荣和权势的主要基础的话。

人们已经可以在对自然的观察之上，再增加对人和对社会的观察了。已经有少数实践道德的政治准则一代又一代地传了下来，并由这些世袭的等级所垄断；宗教观念、偏见和迷信仍在扩大着它们的领域。他们继承了最早的社团、最早的骗子家族和巫师家族；但是他们却运用了更多的技术来引诱那些较为细致的人们的精神。他们那些真正的知识、他们生活表面上的严肃性、他们对于俗人所想望的那些东西所持有的那种虚假的鄙视，这些在人民的眼里都赋予他们以威望，而他们的威望则使他们薄弱的知识及伪善的德行具有一种神圣性，这类社会的成员从一开始就以差不多同等的热情在追求着两项大为不同的目的：一项是为自己获得新的知识,另一项是运用他们所具有的知识来欺骗人民并统治他们的精神。

他们中间的聪明人尤其关心的是天文学;而且就我们根据他们著作的残篇所能做出的判断而论,看来他们已经达到不凭借望远镜、不依靠高出初步知识的数学理论所可能达到的最高水平了。

事实上,借助于一系列漫长的观察,人们就可以对星体运动得到一种很精确的知识,并达到一种可以计算并预言天象的地步。这些经验的规律,随着观察扩展到更长的时间跨度,就更加容易为人所发现,但它却一点也没有引导这些最早的天文学家去发现宇宙体系的普遍定律;然而它们却足以供给人们的需要所可能感兴趣的一切东西了,或者说满足他们的好奇心,并且有助于扩大这些篡夺了教育垄断权的人们的威信。

看来我们得益于这些人的,还有算术进位的发明、以少数符号表示一切数目的那种值得庆幸的办法,还有以非常简单的技术进行单凭我们的智力所无法得出的种种计算。这便是使人类精神的力量得以成倍增长的那些方法的最初事例,人类精神借助于它们,就可以无限地扩张自己的疆界,我们不可能为它规定一个它所达不到的限度。

但是我们却没有看到他们把数学科学推广到它那最初运算的范围之外。

他们的几何学只局限于为土地测量和占星学的实用所必需的东西,那只停顿在毕达哥拉斯传给希腊(或者是他所重新发现)的那个著名的命题。

他们把机械力学留给了那些要使用机械的人。可是,也有某些夹杂着神话的故事似乎是在声称,这部分科学乃是由他们自身所培育的,仿佛是要以这类奇迹作为打动人们精神的一种办法。

运动定律和理论力学，全然引不起他们的关注。

如果说他们研究医药学和外科学，尤其是以治疗创伤为目的的外科学的话，他们却忽略了解剖学。

他们对植物学、对自然史的知识，只限于作为医疗之用的物质，只限于某些植物和某些矿物，它们的特殊性质可以适用于他们的计划。

他们的化学被约缩为简单的工序而没有理论、没有方法、没有分析，那只不过是某些配方的技术、对某些秘方的知识(无论是医学的，还是技术的)或是某些魔术，只适于在无知群众的眼前炫耀，这些群众则屈服于和他们同样无知的领袖之下。

科学的进步对于他们只不过是一个次要的目标，是一种延续或扩张自己权力的手段而已。他们追求真理只不过是为了扩大谬误，所以无须奇怪他们很少能够发现真理。

然而，这种进步尽管是很缓慢而又很微弱的，如果这些人不懂得书写的技术的话，还是不可能的——自从知识开始增多以来，书写就是确保传统、固定传统、交流与传递知识的唯一手段。

因此，象形文字的书写或者是他们最初的发明之一，或者是在教育者的世袭阶级形成之前就已经被人发明了。

因为他们的目标并不是要进行启蒙而是要进行统治，所以他们不仅不把自己的全部知识都传授给人民，反而是以谬误败坏他们想要宣示给人民的东西；他们教给人民的并不是他们信以为真的东西，而是对于他们自己有利的东西。

因为他们向人民所显示的，没有什么是不掺进莫名其妙的超自然的、圣洁的、神明的东西的，使得人民认为那是超乎人道之上的、赋有一种神圣特性，甚至于是从上天接受来而为凡人所不可能接触到的知识。

因而，他们就有了两套学说，一套是给他们自己的，另一套则是给人民的;甚至往往是,因为他们被划分为若干等级,所以每一级就都为自己保留了某些奥秘。所有各个下层的等级全都同时既是骗子又是受骗者,而这一伪善的体系只有在某些秘密宗传者的眼前才会全部展现出来。

最能促成奠定这种双重学说的,莫过于语言的变化了;那是时间的产物,是各个民族的交往和混杂的产物。持这种双重学说的人们,在给自己保存了古代语言或另一个民族的语言的同时,也就保证了自己掌握有另一种只有自己才能理解的语言的优势。

最初的书写,多少是以一幅确切的图画来指示事物的,那或者是事物本身的图画,或者是一件类似的事物的图画;这就为一种更简便的书写开辟了道路,这时候,事物的相似性几乎已经褪了色,人们使用这些符号已经只是作为某种纯粹的约定;这一秘密的学说也有着它的书写体,正如它已经有了它的语言。

在语言的起源时,几乎每个字都是一种比喻,而每个短语都是一种隐喻。人类的精神同时既掌握着其象征的意义,又掌握着其实际的意义;一个字在提供观念的同时,也提供了人们用它来表现的那种与之相类似的形象。然而由于在象征的意义上使用一个字的这一习惯,人类精神通过对最初的意义进行抽象作用的结果,终于就到此止步;而那种原来是象征的意义,就一步一步地变为同一个字的通常的、实际的意义了。

保存着最初隐喻的语言的祭司们与人民群众一起在使用着它,人民群众已不再能掌握其真正意义了,他们已习惯于只以唯一的一种含义在使用这些字,于是那就变成了它们的本义,所以他们就只了解一些莫名其妙的荒唐神话;而同样这些说法对祭司们的精神来说却无非是表示异常简单的真理而已。祭司们对他们神圣的经文也采取同样的办法。人民群众看到的是人、动物、鬼怪,而祭司们所想要表现的则是一种天文现象,是一年之中的历史事实。

这样,例如祭司们在他们的沉思之中,几乎到处都在为自己创造关于广阔无垠而又永恒的全体的一种形而上学体系,一切存在都只不过是其中的一部分,宇宙中被观察到的一切变化都只不过是它的各种不同的形态而已。天体对于他们只不过代表散布在无限广袤之中的星群,只不过代表着描述其运动的复杂程度多少有所不同的各个行星,以及由这些不同的星体的位置而得出的各种纯物理的现象罢了。他们以各种名字加之于那些星群和那些行星,加之于想象中运动着的或固定的轨道,以便表示它们的位置并根据运动解说这些现象。

但是在为他们表示这些形而上学的见解、这些自然界的真理时,他们的语言和他们的巨著却在人民的眼前展现出一幅最妄诞的神话体系,那对于人民来说竟变成了最荒诞的信仰、最冥顽不灵的崇拜和最可耻或最野蛮的种种做法的基础。

这便是几乎所有已知的宗教的起源,随后它们的创立者或皈依者的虚假和夸诞,又给它添上了各种新的神话。

[祭司等级霸占了教育,以便塑造人们更加忍耐地负担起可以说是被认同为自己生命的种种枷锁,乃至于竟放弃了要打碎枷锁这一愿望的可能性。但是如果我们想要知道这类体制——即使是不乞灵于迷信的恐怖——能够把它们那摧残人类能力的权力推到什么地步,那么我们就必须暂时把目光转到中国,转到那个民族,他们似乎从不曾在科学上和技术上被别的民族所超过,但他们现在却又只是看到自己被其他的民族相继超赶过去。这个民族的火炮知识并没有使他们免于被那些野蛮国家所征服;科学在无数的学校里是向所有的公民都开放的,唯有它才导向一切的尊贵,然而却由于种种荒诞的偏见,科学有时竟致沦

为一种卑微;在那里甚至于印刷术的发明,也对人类精神的进步影响甚微。]

那些其利益只在于骗人的人,很快地就会厌恶对真理的追求。他们满足于人民的驯服,并相信不再需要新的办法来保证它的延续。他们自己也就一点一点地忘记了在他们的隐喻之下所掩盖着的部分真理;他们所保存的那些古代的科学,只是限于为了维持自己信徒们的信心所严格必需的东西;而也以他们成了自己神话的受骗者而告终。

从此以后,科学中的一切进步就都停顿了;甚至于以前各个世纪所曾经验证过的科学知识,有一部分也在后世消失了,而人类的精神沦于愚昧和偏见之后,就会在这类广大的帝国中注定成为一种可耻的无所作为,其不间断的存在使亚洲长期蒙羞。

在那里居住的民族,乃是我们所可能同时观察到文明与衰败的程度的唯一民族。至于占有大地上其余部分的各个民族,或者是他们的进步被遏阻了,但我们还可以从中追溯人类的幼年时期;或者是被各种事件所带动而经历了以后的各个时代,那种历史则还有待于我们去探索。

在我们所论述的这个时代,正是这些亚洲的民族已经发明了拼音书写,那已经取代了象形文字——大概是在已经使用了被赋以各种观念的约定象形符号之后——而象形文字则是至今中国人所认识的唯一书写形式。

历史和推理就能够向我们阐明从象形文字逐渐过渡到那种在一定程度上乃是中间性的艺术的方式是怎样在进行的;但并没有什么可以多少确切地告诉我们,在什么国度或在什么时候,拼音书写是最初为人所使用的。

这一发现后来就在希腊人中间流传了下来;希腊这个民族对于人

类进步起过如此之有力而又如此之有幸的一种影响,天才们为人类开辟了通向真理的道路;那是自然界准备好了的,是命运注定了使之成为西方一切民族和一切时代的恩赐者和引导者的:这一荣誉迄今为止没有任何一个其他民族曾分享过。从此,唯有一个民族才有可能设想主宰人类命运的一场新革命的那种希望。自然界、各种事件的结合,仿佛是协调一致地在为他们保留着这份光荣。但我们完全不必设法去摸透,隐蔽在不确定的未来后面的是些什么东西。

第四个时代　人类精神在希腊的进步
——下迄亚历山大世纪各种科学分类的时期

希腊人厌恶那些国王,国王们自称是神明的子孙,却以他们的暴行和他们的罪恶玷污了人道;他们分为若干共和国,其中唯有拉西第蒙[1]承认世袭的领袖,但要受到其他行政官的权威的钳制,并也像所有的公民一样服从法律,而且还由于王权分别掌握在赫拉克里底斯[2]家族两支的长子之间而削弱。

马其顿、德撒里和伊庇鲁斯[3]的居民由于有共同的起源,由于使用同一种语言,并且是被软弱的、纷争不断的君主们统治着,所以没有能力压迫希腊;但他们却足以保护希腊免遭北方斯基泰民族[4]的入侵。

在西边,意大利分为许多孤立的而且面积不大的国家,它们不会引发希腊的任何恐惧。几乎西西里的全境和意大利南部最佳的那些海

---

[1] 拉西第蒙(Lacédémone,即 Lacedaemon),即古希腊的斯巴达。——译注
[2] 赫拉克里底斯(Héraclides),传说为大力神赫居里斯(Hercules)的后裔,在特洛伊战争后征服了伯罗奔尼撒。——译注
[3] 马其顿、德撒里、伊庇鲁斯(Epire,即 Epirus),均为古希腊北部城邦。——译注
[4] 斯基泰民族(Scythiques,即 Scythian),为古代欧亚草原上的游牧民族,今或译西徐亚人。有的学者认为即古代的塞种人。——译注

港,都已经被希腊殖民者占领了,他们和自己母国的中心城市保持着友好的联系,但却形成了独立的共和国。另外的殖民地则是建立在爱琴海的许多岛屿上和小亚细亚的一部分沿岸。

因此之故,亚洲大陆这一部分与居鲁士[1]的庞大帝国的结合,便成为可能威胁到希腊独立和它的居民的自由的唯一真正的危险了。

暴君制[2]尽管在某些殖民地,而尤其是建立在王族被推翻之前的那些殖民地上的,虽然较为持久,但也只能认为是一种短暂的和局部的灾难;那给某些城邦的居民造成了不幸,但并未影响到国家的普遍精神。

希腊从东方的各民族那里接受了他们的艺术、他们的一部分知识、拼音书写的习惯以及他们的宗教体系;由于东方的逃亡者到希腊来寻求避难,由于希腊人航行到东方,所以希腊就和这些民族之间建立了交往并把亚洲的和埃及的知识和谬误都带到了希腊。

因而科学在希腊不可能成为一个特殊世袭阶级的职业或世业。他们祭司的职能只限于崇拜神明。天才在这里可以发挥他全部的能量,不必屈服于迂腐的规定或祭司团体的伪善说教的体系。所有的人对于认识真理都拥有平等的权利。人人都可以力求发现真理,以便向所有的人交流真理,而且是全部的、完整的真理。

这种幸运的环境更有甚于政治的自由,使得人类的精神在希腊人中间有着一种独立性,这就是它那进步的迅速性和广泛性的确实保证。

然而希腊的智者和希腊的学人,不久就采用了哲学家、科学之友或

---

[1] 居鲁士(Cyrus),指古波斯帝国居鲁士大帝,公元前558—前529年在位。——译注
[2] "暴君制"(tyrannie)即古希腊的僭主制;一个未经合法手续取得政权的人,被称为僭主。——译注

智慧之友这个更为谦逊的名称,他们迷失在他们所抱有的过分庞大的、广阔无垠的计划之中。他们想要钻透人性和神性、世界的起源和人类的起源。他们努力要把整个自然界都归结为一条唯一的原则,并把宇宙的各种现象都归结为一条唯一的规律。他们力求把一切道德的义务以及真正幸福的秘密,都囊括在一条唯一的行为规则之中。

于是,他们并没有发现真理,反而是在铸造各种体系;他们忽视了对事实的观察,为的是好投身于自己的想象之中;他们既然无法把自己的意见置于证明的基础之上,便力图以诡辩来维护它们。

然而正是这些人,成功地培植出了几何学和天文学。希腊这些科学的最初知识就都有赖于他们,甚至于还有某些新的真理或至少也是对真理的知识,它们是希腊人从东方带回来的,但并不是作为已经确立的信仰,而是作为他们认识了其原则及其证明的各种理论。

在这些体系的夜幕之下,我们甚至看到了两种出众的观念在闪烁着,它们在此后更为开明的世纪中将会重新出现。

德谟克里特认为,宇宙间的一切现象都是具有确定的而又不可变易的形状的简单物体之组合与运动的结果,它们受到了最初的推动,便产生一种作用量,那在每个原子之中虽然形态不同,但在其整体上则永远保持着同样不变。

毕达哥拉斯宣称,宇宙是由一种和谐在统治着的,而数目的性质便可以揭示出它那原理;这就是说,一切现象都服从于普遍的并且可加以计算的定律。

我们很容易看出,在这两种观念中,既有笛卡儿的大胆的体系,又有牛顿的哲学。

毕达哥拉斯通过自己的思考发现了——或者是从埃及的或印度的祭司那里接受了——天体的真实布局和宇宙的真正体系,他把它教给了希腊人。然而这一体系太违反感官的验证、太违背流俗的观念了,以至于人们可能赖以建立真理的那些薄弱的证据不能够吸引人们的精神。它始终埋藏在毕达哥拉斯学派的内部,并随着这个学派而被人遗忘了,直到 16 世纪末才又有赖于确切的证据而重新出现,这时候它就战胜了感官的抗拒以及更为有力而又更加危险的迷信的偏见。

这一毕达哥拉斯学派主要是在大希腊[1]传播,它造就出立法者和无畏的人权保卫者;它遭受着暴君的压迫。其中有一个暴君在他们的学园里烧死了毕达哥拉斯派;这无疑成为一个充分的理由:目的并不是要背弃哲学,也不是要放弃人民的事业,而是要停止使用一个已经变得太危险的名称,并且避免只会有助于唤起自由与理性的敌人们的愤怒的那些形式。

一切良好哲学的首要基础之一,就是要对每种科学都形成一种严谨而精确的语言,其中每一个符号都代表着一种十分确定、十分明晰的观念,并以严格的分析而能够很好地确定、很好地明确各种观念。

希腊人却相反地在滥用日常语言的各种弊端,以便玩弄字和词的意义,以便在可悲的模棱两可之中困扰人类的精神,并以同一个符号接连不断地表示不同的观念来迷惑人们的精神。可是,这种诡辩却也赋予了人类的精神以一种精致性,同时它又耗尽了他们的力量来反对虚幻的难题。于是,这种字词哲学,在填补人类的理性似乎要在超乎自己力量之上的某种障碍面前止步的那种空隙的时候,绝不会当下就有助于它的进步,而是在为此做准备;并且我们还会有机会再来重复这种看法。

---

[1] 大希腊(La grand Gréce),即 Magna Graecia,泛指古希腊所包括的大部分东地中海地区。——译注

正是使自己纠缠于种种或许是永远不可解决的问题,使自己被对象的重要性或宏伟性所诱惑,而没有梦想到我们是否有办法可以达到那一步;正是在收集到事实之前就要建立理论,在我们还不懂得观察宇宙的时候就要构造宇宙,正是这种(尽管是很可原谅的)错误,从它最初的一步起就阻碍了哲学的进程。所以苏格拉底在与智者派作斗争时,在嘲笑他们虚饰的诡辩时,就号召希腊人要把在天上消失了的那种哲学最后召回到地上来;他既不鄙视天文学,又不鄙视几何学,也不鄙视对自然现象的观察;他也没有那种幼稚而错误的观念,要把人类精神归结为仅仅是研究道德而已;恰恰相反,正是由于他的学派和他的弟子们,数理科学才取得了它们的进步;我们在喜剧中看到的对他进行的嘲笑和带有大量讥讽的谴责,都是在谴责他们攻读几何学、研究气象、探索地图、观察聚光镜,而他那个时代却由于一种可惊的淳朴性,只根据阿里斯托芬[1]的一篇笑剧就把最遥远的东西传给了我们。

苏格拉底只是想告诫人们,要把自己限于自然界置诸他们的能力范围以内的东西;要对自己的每一步都确有把握,然后再去尝试新的一步;要研究自己周围的领域,然后再冒险去把自己投入未知的领域。

苏格拉底之死是人类史上一桩重大的事件;它成为标志着哲学与迷信之间的那场战争的第一次罪行;那场战争仍在我们中间继续着,那是同一个哲学在反对人道的压迫者的战争,而焚烧一座毕达哥拉斯派的学园就标志着那个时代。这类战争的历史会成为人类史表中有待于我们继续去探索的最为重要的部分之一。

祭司们怀着阴郁的心情看到:人类在努力完善自己的理性和追索

---

[1] 阿里斯托芬(Aristophane,即 Aristophanēs,公元前446—前385),希腊喜剧家,他在作品中嘲笑了苏格拉底。——译注

根本的原因时，认识到了祭司们的教条的全部荒谬，他们那些仪式的全部夸诞，他们的神谕和他们的奇迹的全部欺诈。他们害怕哲学家向与其学派频繁接触的学生们揭穿这个秘密；害怕它从哲学家们那里传给所有要想获得权威和威信而不得不赋予自己的精神以某些文化的人们；而且害怕这样一来，祭司的帝国就会很快地缩减到那类最粗鄙的人民之中，而且那类人本身也将以不再受蒙骗而告结束。

虚伪受到了震惊之后，就赶忙控诉哲学家们不敬神，为的是使哲学家们没有时间可以教导人民说，这些神原来都是他们祭司的制造品。哲学家们要躲避这种迫害，就按祭司们自身的先例而采取了一种两面派的学说的办法，仅向经过了考验的弟子们传授倘若过分公开便会刺伤流俗偏见的那些见解。

但是祭司们却向人民提出，哪怕是最简单的物理的真理也是亵渎神明。他们控诉阿那克萨哥拉[1]居然胆敢说，太阳比伯罗奔尼撒更大。

苏格拉底也未能逃脱他们的打击。雅典已经不再有伯里克利[2]来保卫天才和德行了。何况，苏格拉底更加是罪责难逃。他仇恨智者们，他要把错误的哲学引回到更有用的目标的那种热忱，就向祭司们宣告了只有真理才是他的研究的鹄的；而且他并不是要强使人们采纳一种新体系，强使别人的想象屈服于他自己的想象，而是要教导人们去运用他们自己的理性；而所有这些罪行，却正是祭司们的骄妄所最不懂得加以宽恕的。

---

[1] 阿那克萨哥拉（Anaxagore，即 Anaxagoras，公元前 500？—前 428？），希腊哲学家。——译注

[2] 伯里克利（Periclēs，公元前 495—前 429），雅典政治家。——译注

就在苏格拉底坟墓的脚下，柏拉图宣讲着他从自己老师那里所接受的教诲。

他那迷人的文风，他那光辉的想象，那些开心的或是庄严的提纲挈领的表述，那些机智而尖锐的情趣——这些在他的对话录里就把哲学讨论的枯燥无味一扫而空；他懂得在那里面传布温和纯净的道德箴言，他善于安排他的人物行动并使每个人都保持自己的特性。所有这些优美都是时间和见解上的革命所不能抹杀的，然而它们无疑地也就恩准了那些经常地构成他著作的基础的哲学梦和那种对词汇的滥用，而这正是他的老师屡次谴责于智者派的，苏格拉底并未能保护他这位最伟大的弟子免于这一点。

我们读到他的对话录时，会惊讶于它们竟然是一位哲学家的著作，这位哲学家在他的学院的大门上安置了一行刻字：禁止任何没有学过几何学的人入内；而以那么大的勇气在传播这些如此之空洞又如此之轻浮的假说的那个人，竟然就是这样一个派别的创立人——在那里人们第一次要使人类知识的确凿可靠性的基础受到严格的检验，并且甚至于最开明的理性都要加以尊重的那些知识也出现了动摇。

但是，如果我们想到柏拉图从不曾以自己的名义讲过话，而且他的老师苏格拉底总是以一种怀疑的谦逊在那里发言，那么这个矛盾就不存在了；各种体系在那里面都是以它们的作者或者柏拉图以为是它们的作者的那些人的名义提出来的；同样地，这些对话录也是一所怀疑主义[1]的学院，并且柏拉图善于同时既表现出一个喜欢组装和发挥漂亮的假说的学者的大胆想象力，又表现出一个纵心于想象而又不使自

---

[1] 怀疑主义（原文为 pyrrhonisme，皮浪主义）的创始人为希腊哲学家皮浪（Pyrrho，公元前 360? —前 270?）。——译注

己被想象所引诱的哲学家的保留态度；因为他的理性是被健全的怀疑所武装的，懂得保卫自己免于幻想，哪怕是最有诱惑力的幻想。

这些学院继承了这位大师的学说，尤其是他的原理和主要的方法，但他的继承者们却远不是奴才式地追随他；这些学院具有的优点是能通过一条自由的博爱纽带而把专心钻研自然界秘密的人们都聚集到他们中间来。如果说老师的见解经常过分地享有权威（而权威本应该是仅属于理性的），如果说这一体制因此而中止了知识的进步；那么在一个印刷术尚未为人所知而即使手抄本也是十分罕见的时代里，它就有助于更加迅速和广泛地传播知识。这些伟大学院以名望招到了全希腊各个地方的学生，它们是培养哲学兴趣和传播新真理的最有力的工具。

这些互相竞争着的学院怀着要产生新学派精神的那种敌意在彼此斗争着，而人们往往就为了一种学说（对这种学说，这一学派的每个成员都享有自己的一份骄傲）的胜利而牺牲了真理的利益。要改变人的信仰这种个人的热情，就败坏了更高尚的要启蒙全人类的热情。然而同时，这种竞争却在人类的精神中间维持了一种有益的活动；这些论战的景象、这些见解之争的兴趣，就唤起一大群人从事哲学研究，他们仅仅爱真理，那是任何事业或欢乐甚至于闲逸所不能剥夺的。

最后，既然这些学院、这些学派——希腊人有此智慧，绝不使它们进入公共体制之中——始终是完全自由的，既然每个人都可以随自己的意愿开创另一个学派或者建立一个新学派，那么人们就一点都不必害怕理性的那种奴役，而那在大多数其他民族中却曾对人类精神的进步设置了不可克服的障碍。

我们将要表明，对于希腊的理性、对于他们的风尚、对于他们的法律、对于他们的政府，哲学家们都有哪种影响，那影响是应该大部分归功于他们并没有甚至于从来都没有想要具有任何的政治存在；应该归功于他们自愿地脱离公共事物——对于几乎一切学派来说,这都成了一条共同的行为准则;最后还应该归功于他们做到了以自己的生活以及以自己的见解而使自己有别于其他人。

在追溯这些不同宗派的史表时,我们将关心他们的哲学原则更有甚于他们的体系,更有甚于要去探讨(正如人们太经常所做的那样)那些荒谬的学说确切说来都是些什么,那些学说以一种变得几乎不可理解的语言把我们包裹起来了;我们要表明,是什么普遍的错误引导他们走入了歧途,并且要在人类精神的自然进程之中找出它那起源。

我们将要特别阐明真正科学的进步及其方法的不断完善。

在这一时代,哲学包括了一切科学在内,除了已经从其中分化出来的医学外。希波克拉底[1]的著作可以向我们表明,当时那种医学科学以及自然而然与之相联系的,但除了与它的关联而外已经不复存在的那些科学都是处于什么状态。

数学科学已经在泰勒斯学派和毕达哥拉斯学派那里被培养得很成功。然而它们并不怎么高出于东方各民族的祭司团体中数学科学所停留的阶段。但是自柏拉图学派出世以来,它们就突破了要把它们局限于直接的和实际的用途那种观念所设置下的那道屏障。

这位哲学家是第一个解决了使立方体增加一倍这一问题的人,实际上是以一种连续的运动、以一种巧妙的程序并以一种真正严谨的方式来解决的。他最初的弟子们发现了圆锥截面,确定了它的主要性质;他们由此便向天才打开了那种广阔无垠的视野,那是一个可以永无休止地使用自己力量的场地,直到时间的尽头;但是天才每迈进一步,那

---

[1] 希波克拉底(Hippocrate,即Hippocratēs,公元前460?—前377?),希腊医学之父。——译注

些界限也就在他面前后退一步。

希腊人政治科学的进步，就不能全然归功于哲学了。在那些汲汲于保全自己的独立和自己的自由的小共和国里，人们几乎通常都有一种想法，要把编纂并向人民提出法律的这一职能（而并非是制定法律的权力）委托给一个人，人民在加以审查之后便立即批准。

[这样，人民便把一项工作赋予了以其德行或智慧而博得人民信任的哲学家；但是他们并没有赋予他以任何权威。他仅仅是由他自己一个人在行使我们后来所称之为的立法权。那种如此致命的惯例，即召唤]迷信来支持政治体制，往往污染了非常适宜于赋予一个国家的法律以一种系统的一致性的那一观念的履行，而只有这一点才可能使得行动稳妥而简便并能维持其持久。然而政治还没有经久不变的原则足以使得人们不必害怕看到立法者把他们的偏见和感情带到那里面去。

他们的目标还不可能是要在理性之上、在人人都平等地得之于自然的那些权利之上以及最后是在普遍正义的准则之上，建立起一座人人都平等而自由的社会的大厦；而只是要确立那些法律，使一个社会中已经存在的世袭成员可以根据它们来保存自己的自由，生活在不正义的掩护之下，并且发挥出一种超乎保障他们的独立的力量。

既然人们假定这些法律——它们几乎总是和宗教联系在一起，并且是被盟誓所神圣化了的——寿命应该是永恒的，人们就更少关心要向一个民族保障以和平的方式修改法律的办法，而更多地是关心要预防改变这些根本性的法律，并防止对细节的修改会改变整个的体制和腐蚀人们的精神。人们寻求适宜的体制来提高和培育爱国主义，其中就包括热爱它的法制，乃至热爱它的习俗；人们寻求一种权力组织，它可以保证法律的执行以防行政官的疏忽或腐化、有权势的公民的威望和群众的动乱。

富人们(这时候只有他们能够获得知识)掌了权,就可以压迫穷人并强行把穷人投入一个暴君的怀抱。人民的愚昧和轻浮、他们对有权势的公民的嫉妒,就可以赋予后者以建立贵族专制主义的愿望和手段,或是把贫弱的国家付之于邻国的野心。被迫要保全自己同时免除这两种危险,希腊的立法者们便求助于各种多少是幸运的结合,但它们几乎总是带有那种精巧性和那种机智性——那从此也就成为这个国家普遍的精神特征——的烙印。

我们在近代的共和国中,甚至于在哲学家们所描绘的计划里,很难找到有哪种体制是希腊的共和国所不曾提供过模型或做出过典范的。因为安斐克提昂联盟,以及伊托利亚人、阿卡狄亚人和亚加亚人[1]的各个联盟都为我们提出了联邦的体制,它们结合的紧密程度多少不同;在这些由于共同的起源,由于使用同一种语言,由于风尚、见解和宗教信仰相类似而联系起来的各个不同的民族之间,就建立了一种更为文明的万民法[2]和更为自由的商业规则。

[农业、工业、商业与一个国家的体制及其立法之间的关系,它们对于国家繁荣、对于国家力量、对于国家自由的影响,是不会逃过一个聪明的、活跃的、关怀着公共利益的民族的视线的;于是我们在他们那里就看到了那种如此广泛的、如此有用的、今天是以政治经济学这一名称而闻名的学科的最初痕迹。]

---

[1] 安斐克提昂联盟(Ligue Amphictyonique, 即 foedus amphictionum)为古希腊保卫德尔斐的阿波罗神殿十二个部落的联盟。伊托利亚人(Etoliens, 即 Aetolians)、阿卡狄亚人(Arcadiens, 即 Arcadians)、亚加亚人(Achéens, 即 Achaeans)均为古希腊的部族。——译注

[2] "万民法"原文为 droit des gens, 即 jus gentium。——译注

仅仅是对已经确立了的各个政府的观察,其本身就足以立即使得政治成为一门广泛的科学了。[因而,甚至于在哲学家的著作中,它也毋宁说是表现为一种有关事实的科学,或者可以说是一种经验的科学,而非一种建立在普遍原则之上的、得自自然界并为理性所认可的真正的理论。]

[这就是我们在考察亚里士多德和柏拉图的政治思想时所应该采用的观点,假如我们想要深入钻研其中的意义并且公正地领会它们的话。]

希腊人几乎所有的制度都假设了奴隶制的存在以及在一个公共场地之上集合全体公民的可能性;而为了很好地判断它们的效果,尤其是为了能预见它们在近代的大国中所能产生的效果,我们的眼中就必须一刻也不可失掉这两种如此重要的差别。对于前者,我们不能不满怀忧伤地想到,当时哪怕是最完美的政体结合,最多也只是以人类半数的自由或幸福为目标而已。

[在希腊人中间,教育乃是政治的一个重要的部分。它造就人是为了国家,更有甚于是为了他们自身或为了他们的家庭。这条原则是只能被小国寡民所采用的,对于他们,我们就更有借口可以假设有一种脱离人类共同利益的民族利益。那只有在最艰苦的耕种和手工劳动都是由奴隶来进行的国度里,才是行得通的。这种教育几乎完全限于体育锻炼、风尚的原则或适于激发排外的爱国主义的习尚等方面。其余的一切都可以在哲学家的或修辞学家的学院里、在艺术家的工作室里自由地学习到;而这种自由也是希腊人的优越性的原因之一。]

在他们的政治中,也像在他们的哲学中一样,我们发现有一条普遍的原则,历史对于它差不多只出现过极少数的例外;那就是在法律之中要使各种原因彼此相对立,从而力求铲除坏事的效果更有甚于要消灭坏事的原因;它毋宁是要从制度之中抽除各种偏见和罪恶的部分,更有甚于要消除它们或压制它们;它更经常地在关心着要使人非人性化、激发和转移人的感情的办法,更有甚于要完善化和纯洁化种种成其为人类道德体制的必然产物的倾向和偏好:这些错误都是由于把呈现出文明的实际状态的人——也就是说,被偏见、被矫揉造作的情绪或兴趣并被社会习惯所腐化了的人——认作自然人这一更为普遍的错误的产物。

这种观察乃是格外重要的,也格外有必要来阐发这种错误的根源,这样才能够更好地消灭它;因为它一直流传到我们这个世纪,并且它仍然在我们中间太经常地既腐蚀着道德,又腐蚀着政治。

[如果我们以东方人中间的立法来比较希腊的立法,而尤其是他们审判的形式和规则,我们就可以看到:在东方人那里,法律乃是用强力以压制奴隶的一副羁轭;而在希腊人那里,则是人与人之间订立一项公约的条件。在东方人那里,法律形式的目标在于使主人的意志得以完成;而在希腊人那里,则在于使公民的自由不受压迫。在东方人那里,法律是为了那些强加于人的人而制定的;而在希腊人那里,则是为了那些服从法律的人而制定的。在东方人那里,是要迫使人们害怕它;而在希腊人那里,则是要教导人们爱护它,这些区别我们仍可以在近代人中间、在自由民族的法律和奴隶民族的法律之间重新发现。最后,我们还可看到:在希腊,人们至少对自己的权利已经有了感受,如果说他们还未曾认识到它们的话,如果说他们还不懂得深入探索它们的性质、掌握它们并划定它们的领域的话。]

在希腊人的哲学那里出现了曙光以及各门科学迈出了最初步伐的这个时代,美术也上升到一种完美的程度,那是其他任何民族都还不曾认识到,此后也难以有什么民族可望达到的。荷马生活在伴随着暴君的倾覆和共和国的形式而来的那个内乱的时代。索福克里斯、欧里庇德斯、品达、修昔底德、德摩斯梯尼、斐狄阿斯、阿佩莱斯[1]等人都是苏格拉底和柏拉图同时代的人。

我们将追溯这些艺术进步的史表,我们将探讨它们的原因,我们将区别什么应该只看作是艺术的完美以及什么应该只归功于艺术家的幸运的天才,这种区别足以消除人们束缚了美术之完善化的那些狭隘的界限。我们将要表明政府的形式、立法的体系、宗教崇拜的精神对它们的进步所起的影响;我们将要探讨什么是它们有负于哲学的,以及什么是哲学本身有负于它们的。

我们将要表明,自由、艺术和知识曾经怎样地有助于风尚的驯化和改善;我们将要看到,希腊人的那些邪恶往往被人归咎于他们文明进步的本身,但那却只是更原始的各个世纪的邪恶;当邪恶不能摧毁知识和艺术文化时,知识和艺术文化便节制了邪恶。我们将要证明,这些反对科学和艺术的夸夸其谈,都是建立在对历史学的一种错误的应用之上;并且相反地,德行的进步总是伴随着知识的进步,正如腐化的进步总是继之以没落或者是宣告了没落一样。

---

[1] 索福克里斯(Sophoclê,即 Sophoclēs,公元前496?—前406?),希腊悲剧家;欧里庇德斯(Euripide,即 Euripidēs,公元前480—前406?),希腊悲剧家;品达(Pindare,即 Pindar,公元前518—前442),希腊诗人;修昔底德(Thucydide,即 Thucydidēs,公元前460—前400?),希腊历史学家;德摩斯梯尼(Démosthène,即 Demosthenes,公元前384?—前322),希腊演说家、政治家;斐狄阿斯(Phidias,公元前5世纪),希腊雕刻家;阿佩莱斯(Apelles,公元前4世纪),希腊画家。——译注

第五个时代　科学的进步
——从它们的分类到它们的衰落

柏拉图还在世的时候,他的弟子亚里士多德就在雅典创办了一座学园,与他的老师相竞争。

他不仅涉足所有的科学,而且还把哲学方法应用于雄辩术和诗歌。他是第一个敢于想象那种方法应该推广到人类智力所能达到的全部领域的人;因为人类的智力无时无处不在使用着同样的能力,所以就应该无时无处不在服从着同样的规律。

他所形成的计划越是庞大,他就越感到需要把它们划分为各个不同的部分,并以更大的精确性划定它们每一种的界限。从那个时代起,大部分的哲学家甚至于其中的整个派别,都把自己限于这些部分中的某几种。

数学科学和物理科学单独形成了一大类。因为它们是建立在计算和观察的基础之上的,因为它们所能教导的东西与划分为各个学派的各种意见无关;所以它们就脱离了哲学,而学派则仍然在支配着哲学。从而,数学和物理科学就变成了学者们的专业,这些学者们几乎都同样地有此智慧置身于各个学派的论战之外;而在这些论战中人们从事于一场更有助于哲学家们短暂的名望之争,而不是有助于哲学的进步之争。于是哲学一词就开始只是表示宇宙秩序、形而上学、辩证法和道德学(政治学也构成其中的一部分)的普遍原理而已。

幸而这种分类的时代,是在希腊经过长期风暴丧失了她自己的自由之前。

各门科学在埃及的首都找到了一个庇护所,那是统治着那里的专制君主们本来或许会拒绝给予哲学的。从连接地中海和亚洲海洋的贸易中获得了他们大部分财富和权力的君主们,就来鼓励那些对航海和商业有用的科学。

这些科学从而逃避了在哲学上很快就为人所感觉到的那种更迅速的衰落,哲学的光辉是随着自由一道消失的。对知识的进步如此漠不关心的罗马人,其专制主义只是很迟的时候才扩展到了埃及,而那时候亚历山大城对于罗马的生存已经变得十分必需;亚历山大城据有科学之都的地位,正如它是商业中心一样;它由于自己的人口、由于自己的财富、由于与外国人的大规模交往、由于托勒密王朝[1]所做出的建设(而那是征服者不会想要破坏的),就足以使自己保存下科学的圣火。

这个学派从一开始就在培育数学,而且其哲学的教导差不多只限于证明怀疑的用途并指出确凿性的狭隘界限,所以这个学派便成为一个学者的学派;而且那种学说也不可能震骇专制君主,于是它就掌握了亚历山大学派。

圆锥截面的理论、用它们来构造几何轨迹或解决问题的方法、一些其他曲线的发现,这些都扩大了几何学直迄当时仍是非常之狭隘的工作。阿基米德发现了抛物线的求积方法,他还测量过球面积;而那是极

---

[1] 托勒密王朝(Ptolémèes,即 Ptolemies)为古埃及最后一个王朝(公元前4—前1世纪)。——译注

限理论的第一步,它决定了一个数量的极限值,即该数量不断在趋近但永远达不到的值;那也是那种科学的第一步,它教给人们怎样去发现趋近于零的两个数量的比例,进而达到用这些比例的知识来决定有限大的比例;总而言之,它是那种计算的第一步,那种计算乃是近代人以更多的骄傲并不正确地称之为无限小的计算方法。正是阿基米德,第一个确定了圆的直径与其周长的近似比例,他教给人们怎样可以获得它那越来越不断近似的值,并且使人们懂得了近似方法,这是对已知方法并且也往往是对科学本身之不充分性的一项值得庆幸的补充。

我们在某种程度上可以把他看作理论力学的创始人。我们受馈于他的是杠杆理论和对流体静力学那条原理的发现,即一个物体置于液体中时所丧失自身一部分的重量就等于它所排除的那部分液体体积的重量。

以他命名的螺旋、他在叙拉古之围的奇迹(即他的燃烧镜)[1],都证实了他在机械科学方面的才能,但这些却被学者们忽视了,因为直到当时已知的理论原理还不可能达到那一步。这些伟大的发现,这些新的科学,就把阿基米德置于那些幸运的天才中间,他们的生平就成为人类历史上的一个时代,而他们的存在就仿佛是自然界的一桩恩赐。

正是在亚历山大学派那里,我们发现了代数学的最早痕迹,也就是说,把数量看作单纯数量的那种计算。在狄奥芳图斯[2]的书里所提

---

[1] 阿基米德(Archimède,即 Archimedes,公元前287? —前212)曾于第二次布匿战争中罗马人围攻叙拉古时,设计过巧妙的防守机器,他还使用镜子反射太阳光燃烧敌船。——译注

[2] 狄奥芳图斯(Diophante,即 Diophantus,约公元前246? —前330?),希腊数学家。——译注

出的和解决的那些问题的性质,都要求把数看作具有一种普遍的、不定的价值,而且仅服从于某些条件。

然而那种科学在当时并不像今天一样有着它自己的符号、自己的专门方法、自己的技术运算。人们是用文字表示这种普遍值的;而且人们是以一系列的推理来发现并展开对问题的解答的。

迦勒底人的某些观察,被亚历山大带给了亚里士多德,它们加速了天文学的进步。他们所贡献的最光辉的东西,都要归功于希帕库斯[1]的天才。但是如果说,在他以后的天文学方面,正如在阿基米德以后的几何学和机械学方面一样,我们并未遇到更多的这类发现、更多的这类在某种程度上改变了整个一门科学的面貌的工作,那么它们却仍然长时期地、至少是在真理的细节上继续在自我完善、自我扩展并且自我丰富。

在他的动物史研究中,亚里士多德以精密入微的观察方式提出了有价值的原理和模型,以有系统的方法描述了自然界的对象,对观察进行了分类,并掌握了它们所提供的普遍结果。

他也对植物史和矿物史进行了研究,但准确性要差一些,而且观点也不大开阔,不大有哲学性。

解剖学的进步是非常缓慢的,不仅是因为宗教的偏见反对解剖尸体,而且因为流俗的见解把接触尸体看成是一种道德的污秽。

希波克拉底的医学只不过是一种观察的科学,它只能引向经验的方法。宗派的精神、对假设的爱好,很快就感染给了医学;但是如果说错误的数量压倒了其中新的真理的数量,如果说医学的偏见或体系所

---

[1] 希帕库斯(Hipparque,即 Hipparchus,活跃于公元前 130 年),希腊天文学家。——译注

造成的祸害远甚于它们的观察所能造成的好处;那么我们也无法否认,医学在这个时代里做出了某些微弱的却是扎实的进步。

亚里士多德并没有给物理学带来他在动物史研究中所特有的那种确切性和明智的审慎。他膜拜他那个世纪的习惯和学派的精神,以各种假设的原理歪曲了物理学,以它们那些含混不清的普遍性轻而易举地解说一切,因为它们不能以准确性解释任何东西。

何况,仅仅有观察是不够的;还必须有实验,实验就需要有仪器;而且看来人们当时还不曾搜集到足够多的事实,也还不曾看到足够多的细节,使他们感到有必要具有以那种方式去追问自然界并强迫自然界做出回答的那种想法。在那个时代,物理学的进步史也只不过是把自己局限于一份少数知识的史表,它们出自工艺的实践所导致的机遇或观察,更多于出自学者的研究。水力学,尤其是光学,呈现出一片不那么荒芜的收获;然而它们却仍然不如说只是被人注意到了的事实,因为它们是由它们自身所提供的,而不是由实验所发现或深思所推测的各种理论或物理学的定律所提供的。

[农业一直到这时候为止,还只局限于简单的常规,而且局限于教士们在向人民传授农业时以他们的迷信所败坏了的某些规则。农业在希腊人那里,尤其是在罗马人那里,已成为一种重要的和受人尊敬的技术,最有学问的人都热心于搜集农业的方法和教诲。这些观察汇编做得很准确、收集得很仔细,可以向人们阐明农业的实践并传播有用的方法;然而人们距离实验与计量观察的世纪仍然非常遥远。]

机械的技术开始与科学相结合;哲学家则在检查它的各种工作,探索它的起源,研究它的历史,描述各个不同地区的耕作方法和产品,搜集这些观察,并把它们传给后代。

于是我们便看到了普林尼[1]把人、自然和工艺都包括在他那部《自然史》的宏阔无比的计划之内,它是对构成当时人类精神的真正财富的一切事物的可贵盘点;而普林尼之有权得到我们的感激是不可能被他所应受到的谴责一笔勾销的,即他太少选择并且太过于轻信地收入了历史学家和旅行者们的无知和欺世谎言向他那永不餍足要认识一切的贪欲所提供的任何东西。

在希腊衰落之际,雅典——她在她的盛期曾经尊崇过哲学和文艺,现在却轮到她要靠哲学和文艺来更长期地保存她往昔光辉的某些残照了。人们不再是在讲坛上衡量希腊的和亚洲的命运了,反而是在罗马人学会认识雄辩术的秘密的雅典学园里,是在造就了罗马最早演说家的德摩斯梯尼灯塔的脚下。

雅典学园、莱修姆学园、画廊学园和伊壁鸠鲁花园[2]就是哲学王国里四个相互论战的学派的摇篮和主要流派。

在雅典学园里,人们教导说,没有什么是确凿无疑的;对于任何事物,人们都不可能达到真正的确定性,也甚至于不可能达到一种完全的理解;最后(恐怕很难走得再远了)也不可能肯定我们一无所知的不可能性,并且即使是对怀疑一切的必要性,也必须加以怀疑。

人们在这里阐发、辩护并争论着其他哲学家的见解,但作为适宜于锻炼精神的假说,并且由于随这些争论而来的不确定性,便更加使人感到人类知识的虚幻以及其他派别的武断的信念之可笑。

---

[1] 普林尼(Pline,即 Pliny),普林尼父子均为罗马作家,此处系指《自然史》的作者老普林尼(23—79)。——译注

[2] 雅典学园(Académie,即 Academiae)为柏拉图创立,莱修姆学园(Lycée,即 Lyceum)为亚里士多德创立,画廊学园(le Portique,即 Stoa Poikile)为斯多噶派创始人芝诺创立,伊壁鸠鲁花园为伊壁鸠鲁创立。——译注

但正是这种为理性所认可的怀疑——当它引导人们绝不要以那些我们不能赋之以明白确切的观念的词句进行推理时,当它调节我们对每一个命题的或然性的同意程度时,当它对每一类知识要确定我们所可能获得的确凿性的限度时——假如它超逾了已被证实的真理的话,假如它攻击了道德原则的话,就会变为愚蠢或疯狂;它就只会有利于无知和腐化;这便是在雅典学园中取代了柏拉图早期弟子们的智者派所陷入的极端境地。

我们将要阐明这些怀疑派的历程和他们的错误的原因;我们将要探讨,在他们学说的夸大其词之中什么是我们应该归咎于他们以荒诞的见解而标新立异的那种狂妄;我们要使人看到,如果说他们已经足够强劲地遭到了旁人本能的驳斥,并且遭到了那些以之指导自身生活行为的人们的本能的驳斥的话,那么他们却从不曾被哲学家很好地理解过,也不曾被哲学家很好地驳斥过。

然而,这种过度的怀疑主义并没有牵引着整个的雅典学园派;这里有一种不以人们的利益、人们的传统甚至人们的存在为转移的对正义、对美、对诚实的永恒观念,这一观念是铭刻在我们的灵魂之中的,它成为我们义务的原则和我们行动的规范;这种学说是在柏拉图的对话录中提出来的,由他的学派所继续发扬而形成了它的道德教训的基础。

亚里士多德并不比他的老师们更懂得分析观念的艺术,也就是说,怎样逐步追溯到已经构成了组合体的那些最简单的观念,怎样深入这些观念的形成的根源之中,并在它们的运作中追踪人类精神的进程及其能力的作用的发展。

因而亚里士多德的形而上学,也像其他哲学家的形而上学一样,就只是一种空洞的学说,时而是建立在滥用文辞上,时而又是建立在简单的假设上。

然而正是由于他，我们才得出了这一重要的真理、这一对人类精神的认知的第一步，即哪怕是我们最抽象的、最纯属智力的观念，可以说也都在我们的感觉中有着它们的根源。但是他并没有据此做出任何发展。它倒不如说是一个天才人物的洞识，而非经过精确分析的，并且其中结合了可以得出普遍真理来的一系列观察的结果。于是这粒种子便被弃掷在一片不毛之地上，直到二十多个世纪以后才结出有益的果实来。

亚里士多德在他的逻辑学中，把一切证明都归结为一系列服从于三段论式的论证；他继而把所有的命题分为四类，这四类就包括了一切命题；他学会了在这四类（每次取三个）命题的全部可能的组合之中，怎样去识别那些符合而且必然符合三段论结论的命题。人们用这种办法就可以判断一种论证的正确或弊病，只要是知道了它属于哪种组合。于是正确推理的艺术，在某种程度上就是属于技术性的规则了。

这种巧妙的观察迄今为止，始终是无用的；但是或许有一天，它会成为朝向推理和辩论的艺术似乎仍在期待着的那种完善化所迈出的第一步。

按亚里士多德的说法，每一种德行都处于两种恶之间，这两种恶的一种是不及，另一种则是过分；在某种程度上，德行只不过是我们的天然倾向之一，而理性则防止我们对它过分抗拒以及过分顺从。

这条普遍的原则可能是按照当时哲学中极其常见的那种对秩序与合宜性的朦胧观念而呈现给他的；但是他却使用在希腊语中表示人们所称为的德行的那些字汇证实了这条原则。

差不多就在同时，有两个新派别依据着至少在表面上是原则相反的道德，瓜分了人类的精神，把他们的影响远远伸张到了其学派的界限之外，并且促进了希腊迷信的衰落，不幸的是，它很快地被一种更阴暗的、更危险的、更加敌视知识的迷信所取代。

斯多噶派认为灵魂所拥有的德行与幸福对逸乐及对忧伤是同样地无动于衷，他们解脱了一切感情，高出一切恐惧和一切柔弱，除了德行外就不知道有任何真正的善，除了内疚外也不知道有任何实在的恶。他们相信人有能力把自己提升到这个高度，假如他对此有一种坚强的而又持之以恒的意志的话；这时他就不为幸运所左右而永远是自己的主人，他就不可能接触到罪恶或者不幸。

有一个独一无二的精神在鼓舞着全世界；它是无所不在的，哪怕它并不是任何事物，哪怕在它之外还有别的事物存在。人的灵魂就是它的流射。圣哲的灵魂，一点都没有玷污它那原来的纯洁性，死的时候就会重新结合于那种普遍的精神。因而死亡就会是一桩好事，假如圣哲顺从于自然，能忍受一切俗人称之为恶的东西的话——那么就再不会有比把死亡看作是一桩漠然无关的事更加伟大的了。

伊壁鸠鲁把幸福置之于享受快乐和没有痛苦。德行就在于要遵循自然的倾向，但却要懂得净化它们并指导它们。节制可以预防痛苦，并在保存我们的自然能力的全部力量时，保证了我们享受自然界为我们所准备好的一切；要小心翼翼地保护自己避免愤懑的或激烈的情绪，它们会折磨并撕碎一颗沉沦于悲苦和愤怒之中的心灵；反之，要小心翼翼地培育温柔和顺的感情；要慎重对待随着实践仁爱而来的快感；要保持自己灵魂的纯洁以避免耻辱和悔恨对罪行所做出的惩罚，以便享受可贵的情操对美好的行为所做出的补偿，这就是同时能通向幸福和德行这二者的道路。

伊壁鸠鲁在宇宙中看到的，只有一堆原子的聚集，原子各种不同的组合都在服从必然的定律。人类灵魂本身就是一种这类的组合。组成它的原子，是在身体开始有生命的那一时刻就结合起来的，在死亡时就消散了,以便再结合成共同的物质并参与各种新的组合。

他不想过分直接地刺痛流行的偏见,所以就承认有神明;但是神明们对人的行为不闻不问,对宇宙的秩序来说还是个异邦人,并且也像其他的生命一样在服从着自己机制的普遍规律;他们在某种意义上乃是这个体系之中的一个附件。

粗暴的、骄傲的和不正义的人们,都隐藏在斯多噶主义的面具下面。纵欲的和腐化的人们则往往都钻进了伊壁鸠鲁的花园里。人们诽谤伊壁鸠鲁派的原则,人们谴责他们把至善放在了粗鄙的享乐之中。人们对有关芝诺的智慧的说法嗤之以鼻,芝诺是个奴隶,推过磨,得过风痛病,却居然还能幸福、自由且自主。

那种要求把自己提高到自然之上的哲学,和那种只是要服从自然的哲学;那种除了德行外就不承认有其他的善的道德,和那种把幸福置于快乐之中的道德;这两者从如此之背道而驰的原则出发,采用了如此之互相反对的语言,却引向了同样实际的后果。一切宗教、一切哲学派别的道德教诫中的这种相似性就足以证明,它们具有一种独立于这些宗教教条和这些哲学宗派的原则的真理;并且我们必须在人类的道德构成之中寻找人类的义务的基础以及人类的正义观念和道德观念的起源。伊壁鸠鲁派要比任何其他的派别都更为接近这一真理;或许没有别的什么使得他们更让一切阶级的伪君子所仇视的了,对这些伪君子来说,道德只不过是一桩交易品,他们都在争夺对它的垄断权。

希腊共和国的衰落导致了政治科学的衰落。在柏拉图、亚里士多德和色诺芬之后,人们在哲学体系中就几乎再也不理解它们了。

但是现在却是要谈到一件事的时候了,这件事改变了世界大部分的命运,并且对于人类精神的进步起了一种影响,一直延续到我们今天。

如果我们把印度和中国除外,罗马城已经把它自己的帝国扩张到了凡是人类精神已经超出它那最初的幼稚状态的脆弱性之上的所有国家了。

罗马为希腊人曾经带去过他们的语言、他们的哲学和他们的科学的所有那些国度,都制定了法律。所有这些民族都被一副战胜者的枷锁束缚在卡彼托尔山[1]脚下,全靠着罗马的意志并为着罗马领袖们的情绪而生存下去。

[这个主宰者的城市,其体制的那份真正的史表与本书的目的绝不是毫无关系的。我们将在这里看到世袭贵族制的起源以及用于赋予它以更大的稳定性和更大的力量的那些巧妙的政体组合,同时却又使它并不那么可憎;我们将看到一个习于动武的民族,却几乎从来不曾在国内的纠纷之中使用过武力;他们以现实的力量结合于法律的权威,却难得反抗骄傲的元老院,元老院用迷信束缚住了他们,同时又以罗马人那胜利的光彩炫惑了他们;它是一个伟大的国家,但又交替地是它那些暴君及其保卫者的玩物,并且在四个世纪之中是极有耐心地以一种荒谬而又神圣的方式在进行投票的受骗者。]

[我们将看到为一个单独的城市而建立的这个体制,当它必须扩张为一个大帝国时,就改变了它的性质但并没有改变形式;它只能靠着连续不断的战争维持自己,并且很快地就被它本身的军队所摧毁;终于,这个君临世界的民族便被那种依赖国库供养的习惯所腐蚀,被元老们的慷慨施舍所败坏,便向一个人[2]出卖了自己那种无益的自由的

---

[1] 卡彼托尔山(Capitole,即Capitolium)为古罗马朱庇特神殿的所在,执政官就职、出征和凯旋均在此举行仪式。——译注

[2] "一个人"指罗马皇帝。——译注

残余幻影。]

罗马人的野心引导他们向希腊去寻找雄辩艺术的大师,雄辩在罗马人那里乃是通向幸运的大道之一。那种追求独特而精致的享受的乐趣、那种对于新奇的寻欢作乐的需要,都是由富有和闲适而产生的,它们使得罗马人要去研究希腊的艺术,乃至希腊哲学家们的谈话。但是科学、哲学和造型艺术,永远都是从国外移植到罗马的土壤上的。征服者的贪婪让意大利堆满了希腊的杰作,那些都是从希腊人用以装饰他们的神殿和他们的城市那里、从以奴隶制自慰的那些民族那里以武力掠夺来的。但是任何罗马人的作品都不敢混迹其中。西塞罗[1]、卢克莱修和塞涅卡[2]以他们自己的语言写出了雄辩动人的哲学,但他们谈的都是希腊人的哲学。而为了改革努马[3]的野蛮的历法,恺撒还是不得不引用亚历山大城的数学家。

罗马长期被野心勃勃的将军们的派系所分裂,一心在关怀着新的征服,不然就是被内讧所搅乱,终于它从那种动荡不安的自由堕入了一种更为狂暴的军事专制主义。既然如此,哲学或科学的宁静的思索,在那里又能找到什么位置呢?那里的领袖们渴望着暴君制,并且那里不久就处于专制君主之下;专制君主们害怕真理,他们同样地憎恶才能和德行。何况,凡是在能导致财富和高官的荣誉行业向所有对研究有着天然爱好的人都开放的国度,科学和哲学就必然是被人所忽视的;而在罗马,法学研究便是如此。

---

[1] 西塞罗(Cicéron,即 Cicero,公元前 106—前 43),罗马政治家、演说家、作家。——译注
[2] 塞涅卡(Sénèque,即 Seneca,公元前 4? —公元 65),罗马政治家、哲学家。——译注
[3] 努马(Numa,即 Numa Pompilius)为传说中罗马的第二个王。公元前 45 年恺撒修改历法,制定儒略历。——译注

当法律像在东方那样,是与宗教联系在一起时,法律的解释权就成为祭司暴君制的一个最强有力的支柱。在希腊,它们构成每个城市由其立法者所制定的法典的一部分;它们是和已经确立了的体制和政府的精神相联系的。它们没有经历什么变化。行政官往往滥用法律,特别不正义的情况是屡见不鲜的;但是法律的弊病却从未导致一种经常性的和老谋深算的掠夺体系。在罗马,除了习惯的传统外,人们就长期不知道有别的权威;在那里,审判官每年都要宣布,在他们任职期间,他们所据之以判决争端的都是些什么原则;罗马最早的成文法乃是由十人会议所编纂的一部希腊法律汇编,而十人会议关心着保留自己的权力更有甚于要以提出一套良好的立法来尊重法律;在罗马,自从那个时代以后,法律就被以元老院为一方和以人民为名的另一方交替地独断,各种法律迅速地彼此相继,不断地被推翻或被肯定,被新的安排所缓解或者加重;不久,法律的繁多性、复杂性及其模糊性和语言变化的必然结果,就使得对法律的研究和理解成为另外一门科学。元老院利用人民对古老制度的尊敬,很快就感到了解释法律的特权与新法律的制定权几乎是相等的;于是他们就自行充当了法学专家。他们的权力超过了元老院本身的权力,而那在皇帝的统治之下就更加增强了;因为立法越发古怪和越发不确定,它也就越发强大。

因而,法理学乃是我们得益于罗马人的唯一的新科学。我们将要追踪它的历史,那和近代人对立法科学所做出的进步的历史,尤其是和立法科学所遇到的障碍的历史,是联系在一起的。

我们将阐明,罗马人对人为法(droit positif)的尊敬是怎样有助于保存人的自然权利的某些观念,以及后来又怎样阻止了这类观念的增长和传播;我们少数有用的真理以及大量更多的暴政性质的偏见,都是怎样受馈于罗马法(droit romain)的。

〔在罗马共和国之下,刑法的温和性值得我们注意。它在某种程度上,使一个罗马公民的血成为神圣的。不是那种可以宣布公共灾难与国家危急的特殊权力机构,是不能对一个公民处以死刑的。可以要求全体人民在一个个人与整个共和国二者之间做出判决。他们感觉到,在自由的人民那里,这种温和性乃是防止政治上的不同意见蜕化为血腥屠杀的唯一办法;他们想要以法律的人道性来改正一个民族风尚的凶残性(这个民族甚至在他们的娱乐之中也要滥洒他们奴隶们的血〔1〕);这样,直到格拉古兄弟〔2〕的时候为止,在任何一个国度里从来没有过如此之强烈而又如此之反复的种种风暴,是付出了更少的血腥代价并产生了更少的罪行的。〕

〔罗马人没有给我们留下任何政治学的著作。西塞罗论法律的著作,仿佛只不过是希腊人作品的加工摘要而已。在自由的垂死痉挛之中,社会科学是不可能自我同化并自我完善的。在罗马皇帝的专制主义之下,对它的研究看来只会表现为一场对皇权的反叛。最后,没有什么比看一看迄今为止在历史上是独一无二的那个例子,能够更好地证明罗马人对它始终是怎样地一无所知了:从涅尔瓦到马可·奥勒留,一连串相继不断的五个皇帝〔3〕都兼有着德行、才干、知识、爱光荣、热心公益,而他们却没有一个订立过一项制度,显示出要限制专制主义和预防革命的愿望,要以新的联系来凝聚起那个庞大无比的整体的各个部

---

〔1〕 指古罗马斗兽场中以人与兽相斗作为娱乐。——译注
〔2〕 指格拉古兄弟(Les Gracques,即 Tiberius Gracchus,前162—前133,与 Gaius Gracchus,前153—前121)于公元前123年在罗马进行的改革。——译注
〔3〕 "五个(罗马)皇帝"即涅尔瓦(Nerva,96—98年在位)、图拉真(Trajan,98—117年在位)、哈德良(Hadrian,117—138年在位)、庇乌斯(Antonius Pius,138—161年在位)和马可·奥勒留(Marcus Aurelius,161—180年在位)。——译注

分的愿望,而一切却都在预告着它的解体即将临头了。]

有那么多的民族都结合在同一个统治权之下;有划分开帝国的那两种语言[1]的传布,而这两种语言对于几乎所有受过教育的人都是惯用的;这两个原因在协调着起作用,无疑地会有助于在一个更广阔的空间以更大的平等性来传播知识。它们的自然效果还会是一点一点地削弱把各个哲学派别分裂开来的那些分歧,并把这些派别结合成唯一的一派,这唯一的一派是从每一派之中择取最符合于理性的意见并被反思的检验所最为首肯的意见。理性就会把哲学家们引到这一点,当时间对于宗派热情的作用只容许人谛听它的声音的时候。于是,我们就在塞涅卡的作品中发现已经有这一哲学的某些痕迹了:它甚至于对雅典学园派也不是从来都陌生的,看来雅典学园派几乎完全和它混为一体了;而柏拉图那些最后的弟子们则是折中主义的创立者。

帝国境内几乎所有的宗教都已经是民族的了。但是它们也有大量相似的特性,而且在某种程度上还有一种家族的意味。这些宗教绝没有形而上学的教条,却有大量古怪的仪式,那些意义是人民、甚至于往往也是祭司们所茫然不解的;它们有一套荒谬的神话,群众在其中看到的只是他们那些神祇的惊人的历史,而更有教养的人们却疑心那是对更高明的教条一种隐喻式的阐发:这些宗教有血祭,有代表神祇的偶像,其中某些被时间所神圣化了,还具有一种上天的德行;它们的大祭司专心致志于崇拜每一个神明,但并不形成一个政治团体,甚至于也不会联合成一个宗教团体;它们有专属于某些神殿或某些圣像的神谕;最后还有秘传,那是它们的法师们只有在把绝不可违背的秘密法规强加于人之后,才会向人传授的。这就是这些宗教相似的特性。

---

[1] "两种语言"指罗马帝国东部的希腊语和西部的拉丁语。——译注

这里还必须补充的是,祭司们是宗教良心的裁判者,但却从不敢自命为道德良心的裁判者;他们指导宗教崇拜的实践,但并不指导私人生活的行为。他们向政治家出售神谕和占卜;他们可以把各民族推入战争,强迫他们犯罪;但是他们对于政府、对于法律并不施加任何影响。

当作为同一个帝国的臣民的这些民族有了习惯性的交往时,当知识在各个地方都做出了几乎是同等的进步时,有教养的人们便很快地察觉到,所有这些宗教崇拜都是对一个独一无二的神的崇拜,而为数众多的神祇、民间膜拜的直接对象,都只不过是它的各种不同形态或各种各样的传道士而已。

然而在高卢人那里和在东方的某些地区,罗马人却发现了另外一种性质的宗教。在那里祭司就是道德的审判官:德行就在于服从神的意志,祭司则称自己是神的唯一的解释者。他们的帝国囊括了人的全部,神殿与祖国也就合而为一了;人们在成为帝国的公民或臣民之前,便是耶和华和奥苏斯[1]的崇拜者;而祭司们则决定他们的神会允许他们服从哪些人间的法律。

这些宗教必定会刺痛世界的主人的骄傲。高卢人的宗教太有力量了,罗马人无法迅速地推翻它。犹太民族则更加分散;但罗马政府的警觉性或者是不屑于那些默默无闻的宗派,或者是无法顾及,而这些宗派都是在这些古代宗教崇拜的废墟之上秘密形成的。

希腊哲学的传播,其功德之一便是摧毁了在所有接受过一点广

---

[1] 耶和华(Jéhovah)为希伯来人的上帝。奥苏斯(Oesus)指的是当时人们所崇拜的酒神,为作者将Oeno与Dionysus合在一起所构成的词。奥诺(Oeno)为希腊神话中阿尼乌斯(Anius)之女,狄奥尼索斯(Dionysus)赋予她可将一切东西都变成葡萄酒的能力。狄奥尼索斯为希腊神话中的酒神。——译注

博的教育的各个阶级中间对于流行的神明的信仰。一种朦胧的有神论,或者说伊壁鸠鲁的纯机械论,甚至于从西塞罗的时代起,就是任何一个培养过自己的精神的人和所有领导着公共事务的人的共同学说。这个阶级的人必然依附于古代的宗教,但却力图净化它,因为在所有的国度里,这些神祇之繁多甚至于困扰了人们的信心。于是我们便看到哲学家们在介乎中间的神灵之上构造出来各种体系,使之服从于各种安排、各种实践和一套宗教体制,以便使之更加配得上接近那些优于人类的智力。这些哲学家就在柏拉图的对话录中寻找这一学说的基础。

被征服国家的人民、不幸的人们、有着炽热而又脆弱的想象力的人们——他们自身都偏爱祭司的宗教,因为祭司统治者的利益正好激发了他们那种奴隶制中的平等学说,亦即放弃尘世的福祉以及上天对于盲目的顺从,对受苦受难、对自愿的或由忍耐来支撑的屈辱所保留的补偿;这种学说对被压迫的人又是多么有诱惑力啊!但是祭司们需要用某些精巧的哲学来提高他们粗陋的神话学;他们于是便到柏拉图那里去乞援。柏拉图的对话录成了一个武器库,双方都到那里去铸造他们的神学武器。我们在下面将看到,亚里士多德也获得了类似的荣誉,他发现自己同时既是神学家的大师又是无神论者的领袖。

有二十个埃及和犹太的教派联合一致在攻击罗马帝国的宗教,但是他们彼此之间却以同等的凶残在相互斗争;他们以消失在耶稣的宗教里而告终结。人们就以他们的残余构造出一种历史、一种信仰、某些仪式和一种道德,其中慢慢地聚集起大量受感召的人们。

〔大家都信仰有一个基督,有一个受上帝差遣的弥赛亚要来为人类赎罪。这就是这整个教派的基本教条,他们想要在古代各种宗教派别的残余之上提高自己。人们争论着他[1]来临的时间、地点以及他在世上的名字;但是有一位先知据说是在提贝留斯[2]的治下出现在巴勒斯坦,他的名字盖过了所有其他的名字;于是新的狂热信徒就在玛利亚之子[3]的旗帜之下聚集起来了。]

罗马帝国越是衰弱,这个基督宗教就越发做出了迅速的进步。世界上的古代征服者的堕落也蔓延到了他们的神祇,这些神祇在主持过他们的胜利之后,就只成了对他们失败的软弱无能的见证人。这个新教派的精神更适合于衰落和不幸的时期。他们的领袖们尽管有种种欺诈和罪恶,却都是准备为自己的学说而牺牲的热诚者。哲学家们和伟大人物们的宗教热忱,无非只是一种政治热诚;而作为一种对引导人民有用的信仰而需要加以维护的宗教的全部,则只能是希望有一段苟延残喘而已。基督教很快就成为一个强大有力的派别;它参与了皇帝们的争执;它把君士坦丁扶上了皇位,并且把它自己也摆在那里,就在他那些孱弱的继承者的身旁。[4]

朱里安[5]是那些非凡的人物之一,他们有时候只是被偶然性推上了皇位——他枉然想要把罗马帝国从正在促使其灭亡的那种灾难之中解救出来:他的德行、他那博大的人道精神、他那朴实无华的风格、他

---

[1] "他"即基督或弥赛亚,亦即救世主。——译注
[2] 提贝留斯(Tibère,即 Tiberius,14—37 年在位),罗马皇帝。——译注
[3] "玛利亚之子"指圣母玛利亚(Marie)之子耶稣。——译注
[4] 君士坦丁(Constantin,即君士坦丁大帝[Constantinus],305—337 年在位),罗马皇帝,他皈依了基督教并定基督教为国教。此后罗马帝国均由孱弱无能的皇帝统治。——译注
[5] 朱里安(Julien,即 Flavius C. Julianus,361—363 年在位),罗马帝国皇帝,史称"叛教者朱里安";他曾企图废止基督教并恢复古代的异教,但终于失败。——译注

的灵魂和品性的崇高、他的才干、他的勇气、他的军事天才、他的胜利的光辉,这一切似乎都允诺他可以稳操胜券。我们只能谴责他对于一种已经变得荒唐可笑的宗教表现出一种与他本人并不相称的眷恋之情(假如他是真诚的话),并且由于他的夸张而显得拙劣不堪(假如他只是为了政治目的的话);但是他在位两年之后,就在他的光荣之中死去了。罗马帝国这个庞然大物再也找不到一个强而有力的臂膀足以支持它了;而朱里安之死就使唯一还能抵抗新迷信的浪潮以及野蛮人的洪水的那个中流砥柱崩塌了。

鄙视人间的科学,乃是基督教最初的特色之一。它必然要向哲学的冒犯进行报复;它害怕那种考察和怀疑的精神,那种对自己的理性的信心,那对一切宗教信仰都是一种灾难。自然科学的知识对于它甚至是可憎的和可疑的,因为那对奇迹之成功就是非常危险的,而且绝没有任何一种宗教是不强迫它的信徒们去吞噬某些物理学上的荒谬的。因此,基督教的胜利就是科学和哲学全面衰落的信号。

假如印刷术已经为人所知的话,科学或许能使自己防止这场衰落。但同一部书的手抄本为数极少:为了取得构成一门科学整体的全部著作,就必须费尽心力,往往还要旅行和花费,这些都只有富有的人才能做得到。统治者在这方面则很容易销毁那些刺痛了他们的偏见或揭穿了他们的骗局的各种书籍。野蛮人的一场入侵,一天之内就可以一举而永远剥夺整个国土上的种种教育手段。毁掉一份手稿孤本,对于整个国家往往就是一项无可弥补的损失。当时人们仅仅抄录那些由于其著者的大名而为人推崇的著作。所有那些只能是由于相互的结合而获得其重要性的研究、可以用来维持科学在同一个水平上并准备好进步的那些孤立的观察和细节的改进、所有各时代所积累的有待天才来运用的那些资料——它们始终都注定了会永远湮没无闻。学者们的协作和他力量的结合是那么有益,在某些时期甚至是那么必要,这时都还不存在;每一个个人都必须能够开始并且完成一项发现;于是他就不得不独自一个人去和自然界对抗我们努力的全部阻力作战。促进科学研究的著作,解说其中疑难的著作,以更简便的各种形式表述真理的著作;那些观察的细节,那些常常可以阐明结论错误的发展以及读者所掌握的作者自己还根本没有觉察到的东西;这些著作都不可能找到抄写者或读者。

因此,科学已经达到了一种境地,使它难以进步,甚至难以进行深入的研究,所以就不可能再维持它自己并抵抗把它迅速引向衰落的那种倾向了。于是,我们就不必惊异,在发明了印刷术以后,基督教就全然无力阻碍科学再度焕发出光辉,尽管它当时有力量足以耗尽科学的余烬。

即使我们从中除掉只在雅典繁荣过并随着雅典而灭亡的那种戏剧艺术,还除掉那种只是呼吸在自由空气之中的雄辩术;希腊人的语言和文字仍然长期保留着它们的光辉。琉善和普鲁塔克[1]是绝不会使亚历山大的世纪失色的。罗马确实是在诗歌,在雄辩,在历史学,在以庄严、优美、娴雅对待哲学与科学的枯燥题材的那种艺术上,把自己提高到了希腊的水平。甚至于希腊也从未有过一个诗人是像维吉尔[2]一样地给人以那么一种完美的观念,希腊也没有任何一个历史学家能和塔西佗[3]相媲美。但是这一光辉灿烂的时刻,却继之以一场一泻千里的衰落。从琉善的时代以来,罗马就只剩几乎是野蛮的作家了。克

---

[1] 琉善(Lucien,即 Lucian, Lucianos,125?—192?),一译卢奇安,罗马作家;普鲁塔克(Plutarque,即 Plutarch,Plutarchus,46?—120?),罗马历史学家、文学家。——译注
[2] 维吉尔(Virgile,即 Virgil, Vergil 或 Vergilius,公元前70—前19),罗马诗人。——译注
[3] 塔西佗(Tacite,即 Tacitus,55?—120),罗马历史学家。——译注

雷索斯托姆[1]讲的仍然是德摩斯梯尼的语言。但是我们在奥古斯丁甚至于在哲罗姆[2]那里,却再也看不到西塞罗或李维[3]的语言了,哲罗姆是不能以受非洲野蛮人的影响作为其遁词的。

这是因为研究文学和爱好艺术,在罗马从来都没有成为真正人民大众的趣味;这是因为这种语言过眼烟云式的完美并不属于民族的天才,而只属于希腊语所造就的某些人;这是因为罗马的领土对于文学永远都是一片陌生的土壤,在那里辛勤的耕耘固然可以驯化它们,但是在那里它们一旦被委之于它们自身,就会退化。

在罗马和希腊,具有讲坛上和法庭上的本领的那种重要性,长期以来扩大了修辞学家阶级。他们的工作有助于那种艺术的进步,他们发展了它原则及其精致性。然而他们还教导了另一种被现代人所极为忽视的艺术,而它今天却应该从口说的作品输入印刷的作品。那就是能在很短的时间之内轻松地准备好讲演词的艺术,其中各个部分的安排、驾驭它的方法和善于发挥各种修辞,至少也要使人可以接受;那便是几乎临场就能够发言的艺术,而又能不使他的听众由于他的思想杂乱无章、由于他的文风混淆而感到疲倦,并且能不以浮夸的文辞、不以无聊的粗鄙、不以怪诞的前后不一而使他们反感。凡在一种职位、一种公共义务、一种个人的利益,可能要求人们讲话和写作而又没有时间来思索自己的讲话或写作的一切国度里,这种艺术将会是何等地有用啊!它那历史之格外值得我们关心,乃是由于现代人往往十分需要它,却又

---

[1] 克雷索斯托姆(Chrysostome,即 Johannes Chrysostomus,344?—407),即金口若望,君士坦丁堡大主教。——译注

[2] 哲罗姆(Jérôme,即 St.Jerome Hieronymus[希罗尼姆斯],340—420),拉丁教父。——译注

[3] 李维(Tite Live,即 Livy 或 Titus Livius,公元前59—公元17),罗马历史学家。——译注

似乎只认识到了它那可笑的一面。

自我们这里谈到了史表的这个时代以来，书籍是大大地增多了；时间的遥远已经给希腊早期作家们的作品蒙上了相当多的阴影，使得对那些书籍和见解的研究，即被人称之为学术的研究，成为精神劳动的一个重要部分；而亚历山大城的图书馆则挤满了语法学家和考据学家。

在他们所遗留给我们的东西当中，我们看到有一种倾向，乃是要根据一部书的古老性、根据发现和理解它的困难程度来衡量其可称赞和可信赖的程度；这种心态并不是要根据这些见解本身，而是要凭其作者的名气来判断这些见解；是要信赖权威，而不是要信赖理性；最后还有那种如此之虚伪而又如此之阴暗的有关人类堕落的观念以及古代的优越性的观念。人们所赋予已成为他们的专业目标的那种东西的重要性，曾使他们付出了努力的那种东西的重要性，就一举而阐明了并且宽恕了各个国度和各个时期的研究者们都多少会分享的那些错误。

我们可以谴责希腊和罗马的研究者们，乃至于他们的学者们和哲学家们都那么缺乏把事实及其证明置于理性的严格考察之下的那种怀疑精神。当从他们的著作中看到事件和风尚的历史时，看到生产和自然现象的历史时，看到工艺的产品和制作的历史时，我们就会惊讶地看到他们是在泰然自若地讲述着最明显的荒谬、最令人反感的奇谈怪论。在句子一开头放上了一个"人们说""人们报道说"，他们就仿佛是把自己置于一种幼稚可笑的可信赖性的荫蔽之下了。我们应该把那种冷漠态度特别归咎于人们不幸尚未能懂得印刷术，正是那种冷漠的态度败坏了他们的历史学研究并阻碍了他们在自然知识方面的进步。对每一桩事实都确实收集到所有可以证实它的或推翻它的权威根据，比较各种不同的证词并阐明产生了它们之间分歧的那些争论的那种能力，所有这些确定真理的方法，唯有在有可能拥有大量的书籍、无限地重印这些抄本而不是怕它们流传得太广的时候,才能够存在。

旅行家们的叙述和描写,往往只有一份手抄本并且从来都没有受到过公众的审查,它们又怎么可能获得其首要的基础就在于没有互相矛盾的说法的那种权威性,或者是有可能具有那种权威性呢?因此,人们就一视同仁地报道一切,因为很难确切地选择出来什么是值得加以报道的东西。而且我们也无权对人们以同样的信心、根据同等的权威性来同样地为既叙述最为自然的事实又叙述最为奇迹的事实而感到惊异。这种错误在我们的学校里仍然作为一种哲学原理在被教导着,而同时又有一种被夸大的不信任感在相反的意义上引导着我们不加检点地摒弃一切在我们看来是超乎自然之外的东西。唯有科学才能够教导我们怎样在这两个极端之间去发现理性规定我们应该止步的那一点,不过那种科学在我们今天还只不过刚刚开始出现。

第六个时代　知识的衰落

——下迄十字军时期知识的复兴

在这个灾难深重的时代,我们将会看到人类的精神迅速地从它所曾达到的高度上降落下来,以及接踵而来的愚昧;在这里是凶暴,在那里又是精心制造的残酷,总之,到处都是腐化和背信弃义。难得有一些才智的光芒、难得有灵魂和善意的伟大心性,是能够穿透那个深沉的黑夜的。神学的梦境、迷信的骗局,成为人类唯一的天才,宗教的不容忍成为他们唯一的道德;而欧洲则在教士暴政和军事专制主义的交相煎迫之下、在血和泪之中,期待着新的知识将会允许她在自由、在人道和德行之中复活的那个时刻的到来。

这里,我们不得不把史表分成两个截然不同的部分:第一部分将包括西方,那里的衰落更为急剧并且更为彻底,然而在那里,理性的光芒却会重新出现而永不熄灭;第二部分是东方,那种衰落来得更为缓慢,长期以来也更不全面,但她至今还看不到理性可以照亮她并打碎她的枷锁的那个时刻。

基督教的虔诚,几乎没有打倒使西方沦为野蛮人的战利品的那场胜利的神坛。野蛮人接受了新宗教,但是根本没有采用被征服者的语言,只有教士[1]们才把它保存了下来;并且正是由于他们的愚昧、他们对人类文献的鄙视,我们便看到我们可能期待于研究拉丁书籍的一切东西都消失了,因为除了他们便再没有人能阅读这些书籍。

我们十分清楚征服者[2]的愚昧无知和野蛮的风尚,然而正是在这种愚蠢的残暴性之中才着手摧毁了家内奴隶制,这个奴隶制曾使得希腊的智慧和自由的美好岁月蒙受了羞耻。

土地农奴在耕种征服者的土地。这个被压迫的阶级为征服者的家庭提供了家内奴仆,奴仆的依附性满足了他们的骄傲和放肆。因而,他们在战争之中追求的就不是奴隶了,而是土地和隶农。

况且,他们在被他们侵入的国土上所发现的奴隶们,大部分或者是战胜者民族的某个部落的人沦为俘虏,或者是这些俘虏的子孙。在征服之际,这些奴隶大多数都逃亡了,或者是参加了征服者的队伍。

最后,构成基督教道德一个部分的普世博爱原则,是谴责奴隶制的;而教士们并没有任何政治的利益要反对使自己的事业得到尊荣的那些格言之中的这一点,所以他们就以言论来促进这场由历史事件和风尚所必然引起的奴隶制的破坏。

[这一变化乃是人类命运中一场革命的胚胎;它将使人类认识到真正的自由。然而这一变化,起初对个人命运只产生了几乎难以觉察的影响。假如我们把古人的奴役比做我们今天对黑人的奴役,那么我们就对古人的奴役形成了一种错误的观念。斯巴达人、罗马的显贵、东

---

[1] prêtre,此词本书在古代部分被译为"祭司",在中世纪以后部分则被译为"教士"。——译注

[2] 本章中"征服者"一词均指征服了罗马帝国的日耳曼蛮族。——译注

方的高官显宦[1]事实上都是野蛮的主子。在矿山劳动中,贪婪把他们的残酷性发挥得淋漓尽致;然而在各个家庭中,他们的利益几乎到处都缓解了奴隶制。但对土地农奴施加暴力而不受惩处,却是越演越烈,因为法律本身已经规定了农奴的价格。依附性几乎是照旧不变,却没有那么多的照顾和帮助作为补偿了。屈辱虽然少了一些,但是骄横却更加肆无忌惮。奴隶是一个人受到偶然性的惩罚而沦入的一种状态,而战争的命运有朝一日可能也把他的主人投入那种状态。农奴则是一个下等的和不光彩的阶级中的一个个人。]

[因此,我们主要地应该是从其遥远的后果来考虑这场家庭奴隶制的灭亡。]

所有的野蛮国家差不多都有着同样的体制:有一个被称为"国王"的共同领袖,他有一个议事会,他宣布判断并做出决定,而若是加以拖延就会有危险;他有一个由一批特殊的领袖组成的会议,一切有些重要性的决策都要向他们咨询;最后,他还有一个人民大会,在那里讨论有关全体人民的问题。最根本的区别就在于这三种权力的权威各有多少,那不是由它们职能的性质来区分的,而是由问题的性质,尤其是由公民群众所赋予其上的利益来区分的。

在那些农业民族中间,特别是在那些已经在异族的领土上形成了最初定居的民族中间,这些体制要比在游牧民族中间,采取了一种更经常、更巩固的形式。何况,那里的国家是分散的,数量相当多的露营地点并没有结合在一起。于是,在国王的背后就没有一支经常聚集在一起的军队;而专制主义也就几乎无法立刻随着征服而来,像是在亚洲的那些革命中那样。

---

[1] "高官显宦"原文为 satrapes,原指古代波斯帝国的地方长官。——译注

战胜的国家是根本不会被奴役的。同时，这些征服者保存下来了城市，而自己并不在那里定居。既然并不存在什么永久性的武装力量，因而也就不受一支常备的武装力量的压制，这些城市也就获得了一种力量；而这就成为被征服民族的自由的一个支点。

意大利经常遭受野蛮人的入侵；但是野蛮人并没有能在那里形成持久的根据地，因为意大利的财富不断在刺激着新的征服者的贪欲，并且希腊语民族长期都怀着要把它收复到他们的帝国[1]里面来的愿望。意大利从来也不曾整个地或以任何持久的方式被任何民族奴役过。拉丁语是人民唯一的用语，它在意大利腐化得也更迟缓；愚昧也并不那样完整，迷信也并不那样愚蠢，像是在西方其余的地方那样。

罗马承认了主人，只是为了要改换主人，所以就保存有一种独立性。它还是宗教领袖的居住地。因而，当东方俯首听命于一个唯一的君主时，教士团体时而是操纵皇帝，时而是阴谋反对皇帝，但仍维护专制主义，哪怕是在与专制君主进行斗争，也宁愿利用一个绝对主人的全部权力而不愿向他们争夺一部分权力；相反地，我们看到在西方，教士们团结在一个共同的领袖之下，提高了与国王的权力相竞争的权力，并在这些分裂的国家中形成了一种独一无二的和独立的君主国。

[我们将要表明，这个统治者的罗马城试图以一种新暴君制的枷锁加之于全世界；它的教皇们以粗制滥造的法律汇编来掠获愚昧无知的信任；他们把宗教掺入社会生活的一切交往之中，以便可以任意地享受自己的贪欲和虚骄；他们以一种可怕的诅咒来惩处人民的信心对他们律法的最微小的反对、对他们无聊的装腔作势的最微小的抗拒；他们

---

[1] "他们的帝国"指希腊语民族的东罗马（拜占庭）帝国。——译注

在所有的国家里都拥有一支僧侣大军,时刻准备着以他们的欺骗来提升那些迷信的恐怖行径,为的是更加有力地增高人们的狂热;他们剥夺了支持各个国家自己的宗教热情的那些宗教崇拜和仪式,以便激发他们去打内战;他们搅乱了一切以便统治一切;他们以上帝的名义裁决叛变和作伪、谋杀和弑亲;他们一步一步把国王和战士塑造成了他们报复的工具和牺牲品;他们支配武力,但从不掌握武力;他们对敌人是凶恶的,却在自己的保卫者面前发抖;他们是全能的,直到欧洲的边缘,甚至于可以在自己神坛的脚下胡作非为,不受惩罚;他们在天上早已找到了可以推动全世界的那座杠杆的支点,在地上却找不到一个调节器可以随意地指导和保持自己的行动;最后,他们树立了一尊巨像,却是站在泥足之上,它在压迫了欧洲之后,还会长时期以它那残骸的重量使得欧洲精疲力竭。]

征服使得西方屈服于一种混乱的无政府状态,人民在国王、战士领袖和教士们的三重暴政之下呻吟;然而那种无政府状态在它的体内却带来了自由的胚胎。

我们从欧洲的这一部分中,可以理解罗马人所从不曾渗入过的那些国度。那些民族也被卷进了这场普遍的运动,也交替地在征服和被征服,也有着和帝国征服者们同样的起源和同样的风尚,于是他们双方就混合成为一个共同的整体。他们的政治状态经历了同样的变化,并走着一条类似的行程。

我们将追溯这种封建无政府状态——这是一个用以描述它的特点的名称——的历次革命的史表。

立法这时是不一贯的且野蛮的。假如我们在其中往往也发现有一些温和的法律的话,那种表面上的人道性也无非是一种很危险的不受惩罚的特权而已。然而我们在那里面也发现有一些可贵的制度;确实,它们只不过是献给统治阶级的权利,因此它们就更加侵犯了人权;但是它们至少保留了我们某些微弱的权利观念,并且有朝一日会成为使人重新认识人权并重新建立人权的向导。

〔这类立法表现出两种独特的做法,它们都是国家的幼稚状态和粗野世纪的愚昧状态的特征。〕

〔一个罪人可以用法律所规定的一笔钱为自己赎刑,而法律则是根据人们的身份或出身来评估人们的生命。罪行并不被看成是对公民的安全或权利的侵犯,是害怕受刑就可加以防止的;倒不如说罪行被看成是对于某个个人的冒犯,此人本身或他的家庭是有复仇权的,但法律已为此给他们提供了一种更为有效的补偿。人们对于可以用来确定事实真相的证据,很少有什么观念;以至于人们发现更为简单的倒是,每一次需要区别犯罪与无辜的时候,就向上天去要求奇迹;而一桩迷信证据的成功或一次决斗的命运,就被看作发现真理和认识真理的最可靠的办法。〕

〔在那些混淆了独立和自由的人们中间,哪怕是只统治着一小块领土的人们之间的争端,也会蜕化成为私人战争;而这类从区到区、从乡到乡都在进行着的战争,习惯性地会把各个地方的全部领土都付与各式各样的恐怖,而在大规模的侵略中那至少还只是暂时性的,并且在一般的战争中也只是蹂躏边境而已。〕

〔每一次当暴政极力要使人民群众屈服于它那一小部分人的意志之下时,它在自己的手法中都要利用受害者的偏见和愚昧;它力求以少数人力量的集结与活跃来弥补看来是不可能不属于大多数人的真正力量上的优势。但是他们希望的最终目标——那是他们很少能够达到的——乃是要在主人和奴隶之间确立一种实实在在的区别,那在某种意义上乃是要把自然本身也转化为政治不平等的同谋犯。〕

[这就是遥远时代中东方祭司们的技术,我们看到他们同时是国王、大祭司、法官、天文学家、土地测量家、艺术家和医生。但是他们对知识能力的垄断,都是我们软弱祖先们的粗鄙暴君由于他们的制度和他们的好战习惯而获得的。他们穿着刺不透的甲胄,一味骑在也像他们自己一样无懈可击的马上作战;除非经过长期而艰苦的训练,否则是不可能获得必要的力量和敏捷来装备和驾驭他们的马匹并维持和使用他们的武器的;所以他们就可以不受惩罚而压迫别人、不冒危险而屠杀人民,人民却没有钱财足以取得这些昂贵的盔甲,而他们的青年已被有用的劳动耗尽了精力,也无法献身于军事训练。]

　　[于是,少数人的暴政就由于使用这种作战的方式而获得了力量上的真正优势,这就足以防止一切抵抗的念头,甚至使得长期以来的铤而走险全都归于无效;于是自然的平等,就在人为的物理力量的不平等的面前销声匿迹了。]

　　唯有教士们才能够教诲道德,其中包括有任何教派都不会不承认的普遍原则;但是它也创造了一大堆纯属宗教的义务和纯属想象的罪恶。这些义务要比自然的义务来得更加强有力;而与此无关的、合法的、往往甚至是有德的行为,却比真正的罪行要受到更为严厉的谴责和处罚。然而,片刻的悔罪,被一个教士的赦免所认可之后,就向恶人打开了天堂;而向贪婪心献媚的捐献和向教会的虚骄谄媚的某些行为,就足以解脱充满了罪恶的一生。人们甚至走到了给免罪制定一套价目表的地步。在这些罪行中就精心地包括从最无辜的爱情软弱性和一些单纯的愿望,直到精致的享受和最堕落的骄奢淫逸。他们懂得几乎没有人能逃过这种检查,而这就构成了教会最有出息的一宗生意。他们甚至想象在地狱里也有一定的期限,教士们是有权加以缩短的,甚至于还可以减免;于是他们就推销这种恩惠,首先是向活人,后来就向死者的亲友。他们出售天上的一块土地，以换取地上同等的一块土地；而且他们还谦虚得并不要求换回来。

这些不幸期间的风尚，确实是配得上腐化得如此之深刻的一种制度的。

这个制度的进步就是：僧侣们时而发明出古代的奇迹，时而炮制出新的奇迹，他们以神话和灵验来培育人民的愚昧无知，他们欺骗人民为的是败坏人民；教会的博士们用尽了他们所有的想象力来丰富他们对某些新的荒诞不经说法的信仰，并且在某种程度上进一步丰富了他们从前人那里所接受过来的种种荒诞不经；教士们强迫诸侯们把那些敢于怀疑他们的任何一项教条或者揭穿他们的欺骗或愤恨他们的罪行的人，以及把那些片刻抛弃了盲目服从的人统统都烧死；最后甚至还有那些神学家本身——当他们竟允许自己梦想到与教会的最有威信的领袖们不相同的时候……在那个时代，这就是欧洲西部的风尚所能向人类史表做出贡献的唯一特征。

在统一于唯一的专制君主之下的东方，我们看到衰落是更加缓慢地随着帝国的式微而来到的；每一个世纪的愚昧和腐化都在某种程度上胜过了前一个世纪的愚昧和腐化；同时财富减少了，边境在朝向都城收缩，革命更加频繁了，而暴政也就更加卑怯而且更加残酷。

在追溯这种帝国的历史，在阅读每个时代所写的书籍时，这种符合一致都会跃入最缺乏训练和最粗心大意的眼帘之中。

在东方，人们首先是投身于神学的争论；它们在历史上占有更大的一个部分，并首先是影响到政治事件；这里的梦呓显示出一种为羡嫉的西方尚未能达到的精致程度。这里的宗教不宽容同样是压迫性的，但不那么凶暴。

然而福蒂乌斯[1]的著作却说明,对理性研究的兴趣并没有完全熄灭。有些皇帝、诸侯乃至公主,其荣誉绝不仅限于以神学争论夺人耳目,而是肯纡尊降贵地去培植文艺。

罗马的立法只是慢慢地在改变,那是由于贪婪和暴政在强迫皇帝或者是由于迷信抓住了他们的弱点而掺入了坏法律。希腊语丧失了它那纯洁性和它的特色;然而它仍然保存着它的丰满、它的形式和它的语法,君士坦丁堡的居民也还能阅读荷马和索福克里斯、修昔底德和柏拉图。安第米乌斯[2]阐明了阿基米德反光镜的构造,普罗克洛[3]就用它来成功地防卫了都城。当帝国灭亡时[4],君士坦丁堡还保留有一些人,他们逃亡到意大利,他们的学问是有助于意大利的知识进步的。所以在这同一个时代,东方还没有达到野蛮的最终一步,但是也没有任何东西能够表现出复兴的希望。东方成了野蛮人的俘虏,那些微弱的余烬消失了,希腊古代的天才仍然有待于一个解放者。

在亚洲的另一端、在非洲的边缘却有一个民族,他们由于自己的位置和勇气,得以逃脱了波斯人的、亚历山大的和罗马人的征服。这些为数众多的部落,有些是靠农业为生的,有些则保留着游牧生活;他们都从事商业,有的还从事抢劫。由同一个来源、同一种语言并由某些宗教习惯结合在一起,他们便形成了一个伟大的民族;然而其间并没有任何政治联系把各个不同的部分联合起来。突然之间,他们里面崛起了一个富有炽热的激情和深远的谋略的人[5],他天生具有诗人的才能和

---

[1] 福蒂乌斯(Photius,即Photios,820?—897?),君士坦丁堡大主教、神学家。——译注
[2] 安第米乌斯(Antémius,即Procopius Anthemius,467—472),罗马皇帝。——译注
[3] 普罗克洛(Proclus,410—485),新柏拉图学派哲学家。——译注
[4] 东罗马帝国于1453年被土耳其人灭亡,君士坦丁堡为东罗马都城。——译注
[5] 指穆罕默德。——译注

战士的才能。他设计出一个大胆的规划,要把阿拉伯各部落结合成一个单独的整体,并且他有勇气执行这个规划。为了给一个至今从未被驯服过的民族推出一个领袖,他就从在古代宗教崇拜的残余之上建立起一种更纯洁的宗教开始。立法家、先知、祭司长、法官、统帅——所有这些征服人的方法都在他的掌握之中,他懂得巧妙而又威严地运用它们。

他讲过一大堆据他说是从天上得来的神话,可是他打了胜仗。他的光阴都分配给了祈祷和爱的欢乐。在享有二十年的无限权力之后——这是史无前例的——他宣布,如果他曾犯下过什么不公正,他准备进行赔偿。所有的人都沉默,唯独有一个妇女敢于要求一小笔钱。他死去了,而他传染给他的人民的那种激情,却是要改变全世界三分之一的面貌的。

阿拉伯人的风尚崇高而温厚;他们爱好并且培养诗歌;并且当他们统治了亚洲最美好的地区之后,当时间已经平息了宗教狂热的激荡之后,对文艺和科学的爱好就掺入他们对传播信仰的热诚里面,并缓解了他们征服的热望。

他们研究亚里士多德,翻译了他的著作。他们培育了天文学、光学、医学的各个部门,并以某些新的真理丰富了这些科学。我们都是由于他们才普及了代数学的应用,而在希腊人那里却是只限于某一类的问题的。如果说对点金术和长生液的那种虚幻无稽的研究玷污了他们化学方面的工作的话,那么他们却是直迄当时为止一直和药物学或与工艺制作的研究混淆在一起的那门化学科学的复兴者,或者不如说是它的创立者。正是在他们那里,化学才第一次呈现为把物体分析成使人可以认识的元素,呈现为由它们所结合的以及为这些结合所遵从的规律的理论。

在阿拉伯人那里,科学是自由的,而阿拉伯人正是得益于这种自由才能够复活希腊天才们的某些火花;然而他们却屈服于一种被宗教所神圣化了的专制主义之下。因此,这种光明并没有闪烁多久,就让位给了最浓厚的黑暗;并且阿拉伯人的成果是会被人类遗失的,假如他们不曾有助于准备好那场更为持久的复兴的话,而那是西方所将要贡献给我们这份史表的。

[因而我们就第二次看到,天才被委之于已经启蒙了的民族;并且还是在暴政和迷信的面前,它又被迫销声匿迹了。天才诞生于希腊,依傍着自由,但它既不能阻止它的衰亡,也不能保卫理性反对已经被奴隶制所败坏了的那些民族的偏见。天才诞生于阿拉伯人中间,是在专制主义的怀抱里,并且几乎是在一种狂热的宗教摇篮里;但正如那个民族大度慷慨的性格一样,它只不过是自然界的普遍规律——即自然界要严惩受奴役的而又迷信的民族的卑贱和愚昧——之一幕过眼烟云的例外而已。]

[因而,这第二次的前例不应使我们畏惧将来;而只是告诫我们当代人绝不可忽视保全并扩大我们的知识,假如我们想要变得自由或保持自由的话;并且绝不可忽视维护自己的自由,假如我们不想丧失知识为我们所取得的好处的话。]

我要对阿拉伯人的业绩的历史,补充一下那个国家迅速兴起和倏忽衰落的历史。他们在君临了从大西洋边界到印度河畔之后,就被野蛮人驱逐出了大部分他们所征服的地区;而所保留下来的其余部分则只是呈现为一个堕落的民族到了奴役、腐化和悲惨的极端地步的一副丑恶的形象。他们仍然占领着他们古代的祖国,在这里保存着她的风尚、她的精神、她的特性,并且力图重新获得并保卫她那古代的独立。

我要指出穆罕默德的宗教——它那教条是最简单的,它那实践是荒谬最少的,它那原则是最宽容的——是怎样仿佛把他的帝国所囊括的全部广阔的大地都罚入了一种永恒的奴隶制、一种不可救药的愚蠢之中;同时我们也要看到在最荒谬的迷信之下,在最野蛮的不宽容中间,却闪耀着科学和自由的天才。中国向我们提供了一种同样的现象,尽管在那里,那种愚民政策的毒害效果的致命程度要小一些。

第七个时代　科学在西方的复兴
——从科学最初的进步下迄印刷术的发明

　　有许多原因都有助于逐步使人类精神恢复那种能量，它似乎曾被如此之可耻而又如此之沉重的枷锁永远压制下去了的。

　　教士们的不宽容、他们之极力攫取政治权力、他们那丑恶的贪婪、他们风气的败坏（由于其伪善的面貌而格外令人反感），就会激起纯洁的灵魂、健全的精神和勇敢的性格来反抗他们。对他们的教条、他们的准则、他们的行为与同样的那些福音书——福音书是他们的学说与他们的道德的最初基础，而且是他们不可能向人民全然蒙蔽起来的知识——这两者之间的矛盾，使得人们感到震惊。

　　因而对教士们就掀起了各种强烈的反抗呼声。在法国南部，有些省份整个地联合了起来[1]，要求采用一种更简单的学说、一种更纯洁的基督教，人在其中只服从神明，并按照自身的光明来判断什么东西才配得上圣书的神明启示。

　　狂热的大军在雄心勃勃的领袖们的领导之下，横扫了这些省份。接着教廷使节和教士们便指挥他们的屠夫杀戮那些从兵士手下漏网的

---

[1] 指12世纪法国南部阿尔比(Albi)的阿尔比派(Albigeois，即 Albigenses)或称纯洁派(Cathari，即 Cathares)的异端运动。——译注

人。他们建立了僧侣的法庭,下令把凡是被怀疑还在倾听自己理性的人都送上了火刑架。

然而,教士们却无法阻止自由精神和探索精神悄悄地在进步。这些精神在敢于表现自己的国度里遭到镇压的时候,在不宽容的伪善不止一次地点燃了流血的战争的情况下,这些精神却秘密地在另外的国土上繁衍着和传播着。我们在所有的时代里都会发现它们,直到它们借助于印刷术的发明而有足够的力量可以把欧洲的一部分从罗马教廷的羁轭之下解放出来的那个时刻。

[甚至于还曾存在这样一个阶级,他们超出一切迷信之上,使自己满足于秘密地鄙视一切迷信,或者至多只是让自己对它们顺便流露出某些讥讽之情,却又小心翼翼地给它们蒙上一层可尊敬的面纱而使之显得格外刺眼。这种轻松愉快的格调,就为他们的放肆博得了恩准,它们小心谨慎地散布在为了娱乐大人物和文人学士们而写的作品之中,但被人民所忽视,所以并未引起迫害者们的仇视。]

[腓特烈二世[1]被人怀疑是一个我们18世纪的教士们一直称之为的Philosophe(哲学家[2])。教皇在所有国家的面前指控他把摩西、耶稣和穆罕默德的宗教都当作政治神话。人们认为《三个骗子》这部想象的故事就是他的宰相比尔·维尼[3]的作品。但是仅仅这个书名就宣示了有一种意见存在——那是考察这三种信仰的十分自然的结果。它们都由同一个根源所诞生,所以就只能是最古老的各民族对世

---

[1] 腓特烈二世(Frédéric Ⅱ, 即 Friedrich Ⅱ,1212—1250),神圣罗马帝国皇帝。——译注
[2] Philosophe(哲学家)一词专指法国启蒙运动的理论家、思想家。——译注
[3] 比尔·维尼(Pierre des Vignes, 即 Pietro della Vigna),为腓特烈二世的亲信大臣。——译注

界的普遍灵魂所进行的一种更为纯洁的宗教崇拜之腐化的结果。]

[我们(法国)寓言故事(fabliaux)的结集、薄伽丘的《十日谈》,其特点都是充满着那种思想自由的意向、那种鄙视偏见的意向和那种恶意而又秘密地要使之成为被嘲弄的题材的意向。]

[因此,这个时代在那些对滥用最粗鄙的迷信的热诚改革者的身旁,就还出现了我们那些宁静的对一切迷信的鄙视者;而我们差不多可以把这些拥护理性的权利的朦胧要求和抗议的历史,联系到亚历山大学派晚期的哲学家们的历史。]

[在一个哲学上的改宗乃是十分危险的时代里,我们将考察究竟有没有形成过某些秘密会社,其目的在于延续、在于暗暗地而又毫无危险地在某些信徒中间传播少数简单的真理,作为反对统治者的偏见之一剂可靠的防腐剂。]

[我们将探讨,在这些秘密会社之中究竟应否列入那个有名的教派?教皇们和国王们都曾经那么卑鄙地共同策划着反对它,并且那么野蛮地摧残了它。]

教士们不能不读书,或者是为了保护自己,或者是为了用某些借口来掩饰自己对世俗权力的篡夺并使得自己编造虚构事物的本领更加完善。而另一方面,国王们为了更加方便地支持那种以根据权威与先例为借口的战争,就青睐旨在造就法学家的那些学校,国王们需要用法学家来反对教士。

在教士团体与政府之间的、在每个国家的教士团体与整个教会的领袖之间的争执中,那些具有更正直的精神、更诚恳和更高尚的性格的人,就在为着俗人的事业而反对教士的事业,为着本民族的教士团体的事业而反对外国领袖的专制主义。他们抨击滥用权力和篡夺权力,他们力图揭穿它们的根源。这种坚韧性在我们今天看来只不过是奴隶式的怯懦而已；我们看到了浪费那么多的精力去证明简单的良知就会懂得的东西，会感到可笑；然而这些真理在当时却是崭新的，往往决定着一个民族的命运；这些人以一种独立的灵魂在追求它们，他们以极大的勇气在保卫它们；并且正是由于他们，人类的理性才开始想起了自己的权利和自己的自由。

在国王和领主之间所发生的争端中，国王们是用赋予特权或者是恢复某些人以人的天然权利来确保自己能得到大城市的支持的；他们谋求以身份解放的办法来增多享受公共体的权利的人数。正是这些恢复了自由的人们才感到，通过研究法律、通过研究历史而获得一种机智和权威意见来帮助他们抗衡封建暴政的军事力量是何等之重要。

皇帝与教皇的竞争妨碍了意大利统一于一个主人之下，这里保存着为数众多的独立社会。在小国家里，人们就需要在武力之上再加上说服力，运用谈判就像是使用军队一样地司空见惯；而且既然那种政治战争是以见解的战争为原则的，既然意大利从来都未曾全然丧失过研究的兴趣，那么她对欧洲来说就成了一个启蒙的发源地，尽管还很微弱，但她却允诺了要迅速地增长。

最后，宗教的激情引导着西方人去征服据说是被基督之死及其奇迹所神圣化了的地方。[1] 在这场狂乱使得领主们衰弱和贫困化而有利于自由的同时，它也扩大了欧洲各民族与阿拉伯人的关系；阿拉伯人与西班牙的基督教徒的混合已经形成的联系，又因与比萨、热那亚、威尼斯的贸易而得以巩固。人们学习阿拉伯语，人们阅读他们的著作，人们学会了他们一部分的发明；而且如果说人们根本没有超出阿拉伯人

---

[1] "被基督之死及其奇迹所神圣化了的地方"指耶路撒冷，"征服"这个地方指十字军东征。——译注

所留下来的科学的水平之上的话,人们至少是有雄心壮志要和他们媲美的。

[这种为了迷信而发动的战争,转而有助于摧毁迷信。许多种宗教并存的景象,终于在有良知的人们的身上,激起了他们对反抗邪恶或人类的情欲同样无能为力的各种信仰同样地漠不关心,激起了他们对那些宗派信徒对于互相矛盾的见解之同样真诚的、固执己见的迷恋同样地加以鄙视。]

在意大利形成了一些共和国,其中有一些是模仿希腊共和国的形式,而另一些则力图调和臣服民族的奴役状态和主子民族的民主的自由和平等。在北方,德国的某些城市获得了几乎完全的独立,并以他们自己的法律进行治理。在瑞士的某些部分,人民已经打碎了封建制的枷锁以及皇权[1]的枷锁。在几乎所有的大国里,我们都看到诞生了不完备的宪法,其中税收权和制定新法律之权有时候是在国王、贵族、教士和人民之间划分,有时候则是在国王、公侯与公社[2]之间划分;那里的人民并没有脱离屈辱状态,但至少有了一个免遭压迫的庇护所;在那里,真正构成国家的人号称有权保卫自己的利益,并有权被那些规范着他们命运的人所理解。在英国,有一部被国王和显贵们庄严宣誓的著名法案[3]保障了公侯的权利和平民的某些权利。

其他的民族、省份甚至于城市,也都赢得了类似的宪章,但不那么有名,维护得也不那么好。它们就是权利宣言[4]——今天已被所有

---

[1] 瑞士原为神圣罗马帝国的一部分。——译注
[2] 公社(les communes)指从封建领主手中取得自治权的城市。——译注
[3] "一部著名的法案"指 1215 年英国大宪章(Magna Carta)。——译注
[4] "权利宣言"(declarations des droits)指英国 1689 年的权利法案(Bill of Rights)。——译注

启蒙了的人们视为自由的基础——的起源;而这种观念是古人所从不曾想象过也不可能想象的;因为家庭奴隶制糟蹋了他们的宪法,因为在他们那里,公民权是世袭的或是由志愿的抚养关系所赐予的,因为他们并没有把自己提高到能认识那些权利乃是人类所固有的,并且是完全平等地属于每一个人的。

﹝在法国、英国和某些其他大国,人民看来是想要保持自己真正的权利的;但他们更多地是被压迫感所蒙蔽而不是被理性所启蒙;而他们努力的唯一结果便是由更野蛮的复仇所补充的暴力,继之以灾难更大的掠夺。﹞

﹝然而,在英国人那里,改革者威克里夫[1]的原则已经成为他的某些弟子所领导的运动的主题之一,它预告了后来在更为启蒙的世纪里,人民在其他改革家之下所要做出的更加连续不断的和组织得更好的企图。﹞

查士丁尼[2]法典手稿的发现,复活了法学研究和立法研究,并使得法学不那么野蛮,甚至于还使得不情愿屈服于它的人民懂得从中得到好处。

比萨、热那亚、佛罗伦萨、威尼斯、比利时的各城市和德国的一些自由城市的贸易,遍及地中海、波罗的海和欧洲大洋的海岸。他们的经纪人远到埃及的各港口并到黑海的极端去寻觅黎凡特[3]的珍贵商品。

政治、立法和公共经济还都不是科学;人们还根本没有从事探索、

---

[1] 威克里夫(Wicleff,即John Wiclif, John Wycliffe, 1330—1384),英国宗教改革家。——译注

[2] 查士丁尼(Justinien,即查士丁尼大帝[Flavius Justinianus], 527—565),东罗马皇帝。——译注

[3] 黎凡特(Levant)指地中海东岸地区。——译注

钻研和发挥它们的原则,但是人们已经开始用经验来阐释它们,积累了由经验可能导致的种种观察;人们已经认识到利益使得他们感到有此需要。

起初,人们知道亚里士多德只是根据阿拉伯人所做的翻译;而在起初他的哲学是受查禁的,但它很快就在所有的学校里占据了统治地位。它根本没有带来什么知识,但它却给了人以更多的准则性、更多的论证术的方法,而论证术却是神学争论的产物。这种经院哲学并不引导人去发现真理,它甚至也无助于讨论并更好地评估证据;但是它却使人的精神变得尖锐了;而且那种辨析入微的趣味、那种无休止地对观念进行区分的需要、要把握其中稍纵即逝的翳影并以新的词句来表达它们,所有这些办法都是用来在论战中困惑敌人或是用来逃脱敌人的陷阱的,它们后来都成为我们进步之资源丰硕的那种哲学分析的最初起源。

[我们受馈于这些经院哲学家的是:我们对于最高存在者和他的属性所能形成的观念,对于最初因和被认为是由它在统治着的宇宙这二者之间的区别,对于精神和物质之间的区别,对于人们可能加之于"自由"一词的种种不同意义,对于人们所理解的"创造"的意义,对于其中人类精神各种不同的运作以及人类精神对实际事物及其性质所形成的观念加以分类,这两者之间的区别方式,对于这一切我们都有了更为精确的概念。]

但是同样的这种方法,在学院里却只能延迟自然科学的进步。某些解剖学的探索、某些蒙昧的化学工作,全都是用来寻找一桩大杰作〔1〕的;对几何学和代数学的研究所达到的水平既没有能懂得阿拉伯人所已经发现的一切,也没有能理解古代的著作;最后,天文的观察

---

〔1〕 "一桩大杰作"指中世纪点金术所寻求的"哲人石"。——译注

和测算仅只限于制定并完善星图,并且以一种荒唐可笑的占星学而糟踏了它,以上就是这些科学所呈现的一份史表。然而,机械工艺已经开始接近于在亚洲保留下来的完整状态。蚕的培育已被引入欧洲南部的国度,风车和造纸厂已经建立起来了,测时技术已经超过了古代人和阿拉伯人所止步的界限。最后,还有两件重要的发现在标志着这同一个时代。磁针指向天上同一个点的这一性质是中国人已知道的,甚至被他们用于指导航海;这时它也在欧洲被人观察到了。人们学会了使用罗盘,它的运用扩大了商业活动,改善了航海技术,赋予了人们此后认识到新世界的那种航海观念,并使人放眼观看他自己所在的整个地球的广阔。有一位化学家把硝石与可燃物混在一起时,发现了那种火药的秘密,它在战争艺术方面造成了一场意想不到的革命。尽管火器有着可怕的效果,但它们扩大了战斗人员的距离,从而使得战争的杀伤较少,战士也不那么凶暴。军队的远征耗费更大了,而财富就可以平衡武力;即使是最好战的国家也感到需要做好准备,需要有商业和工艺致富来保证自己作战的手段。开化的民族就不再害怕野蛮国家的盲目的勇武了。大规模的征服以及随之而来的革命,已经变得几乎不可能。

铁盔铁甲,几乎是无懈可击的骑术,使用长矛、长枪或刀剑——这种贵族对平民所具有的优势终于全都消失了;而摧毁对人类自由和对他们的真正平等的最后这道障碍的,却是由于最初一眼看上去似乎是在威胁着要消灭整个人类的这样一种发明。[1]

在意大利,到了14世纪,语言达到了几乎完美的地步。但丁永远是高贵的、精确的而又生气勃勃的;薄伽丘则具有优美、淳朴和典雅。

---

[1] "这样一种发明"指火药的发明。——译注

聪明而善感的彼得拉克[1]是绝不会老的。在那个国土上,气候的美好有似于希腊,人们阅读着古代的范本;人们力图把它们的一些优点也带到新的语言中来;人们努力在自己的作品中模仿他们。某些尝试已经使人希望艺术的天才们会被这些古代巨著的景象所唤醒、被这些沉默的而又雄辩的课程所教导,它们将要再度刷新人类的生活,并为人类准备好那些纯洁的欢乐,对它们的享受是人人平等的,并且会随着它们被人们所分享而在不断增长。

欧洲的其余部分还在遥遥尾随着,但是对文艺和诗歌的兴趣至少已开始在修改着那些还是野蛮的语言了。

这些迫使人类精神脱离自己长期昏睡状态的同样原因,也在指导它们的努力方向。凡是相反的利益所强行激发的问题,理性并不可能被召请来做出决定:宗教远不肯承认理性的权威,而是自命要降服理性并且自诩要屈辱理性;政治则把凡是被传统观念、被经常的习惯和古老的风俗所神圣化了的东西,都看作是正当的。

人们并不曾有过疑问,人权是可以写在自然这部书里的,而要去请教别的什么便是误解人权或是侵犯人权了。人们是在圣书里,在可敬的作者那里,在教皇的圣谕里,在国王的敕令里,在风俗集成里,在教会的编年史里,寻找可以被允许得出他们的结论来的那些准则和范例。这不是一个检查原则本身的问题,问题只不过是要根据另一些条文来解释、讨论、推翻或者加强人们原来所依赖的那些条文。人们接受一个命题,并不是因为它是真的,而是因为它是写在这样的一部书里,并且因为它是在这样一个国度里并且从这样一个世纪以来就一直被人承

---

[1] 但丁(Dante,1265—1321)、薄伽丘(Boccace,即 Boccaccio,1313—1375)、彼得拉克(Pétrarque,即 Petrarch,1304—1374)均为意大利作家。——译注

认的。

于是，人的权威就到处都取代了理性的权威。人们研究书籍远甚于研究自然，人们研究的是古人的见解而不是宇宙间的现象。因此，人类精神的这种奴隶状态——人们处于其中甚至于还没有进行一次启蒙性的批评的能力——在败坏人们的学习方法这方面，就要比它的直接效果更加有害于人类的进步。人们要达到古人的水平，那距离是如此遥远，以至于企图要纠正古人或超过古人还不是时候。

在这个时代，各种风尚仍然保持着它们的腐化和残暴；宗教的不宽容甚至于更加活跃了；而国内的纷争、一大群小诸侯永远不断的战争就代替了蛮族的入侵以及更为悲惨的私人战争的灾难。的确，云游歌手和行吟诗人的温馨、骑士任侠的制度都在宣扬着慷慨和真诚，都在立誓要维护宗教和保卫被压迫者以及为妇女服务，这些看来应该是赋予风尚以更多的温柔、礼貌和高尚的。然而，这一变化只限于宫廷和堡垒之内而并没有涉及人民群众。它只在贵族中间造就了多一点平等，使他们相互之间的关系少一点阴谋和残酷；但是他们对人民的鄙视、他们暴政的暴力、他们掠夺的肆无忌惮却依然如故；而那些同等地受到压迫的国家则仍然是同等地愚昧、野蛮和腐败。

这种诗情的与尚武的温馨，这种骑士风格——这大部分有负于阿拉伯人，他们天性的慷慨在西班牙曾长期抵御了迷信和专制主义——毫无疑问是有用的；它们散布下了人道的种子，一到了更顺利的时刻必能开花结果；并且正是这一时代的普遍性格，为人类精神准备好了由印刷术的发明所带来的那场革命，而且准备好了后来的世纪将会堆满如此之丰饶富足的收获的那片大地。

第八个时代　从印刷术的发明

——下迄科学与哲学挣脱了权威束缚的时期

　　凡是没有思考过无论是在科学真理的还是在工艺方法的发现中人类精神的进程的人,都会惊讶于何以有如此漫长的一段时间分隔开了雕版印刷术的知识和活字印刷术的发现。

　　毫无疑问,有些版刻家曾有过要应用他们的技术的想法,但是他们却被实行起来的困难(而不是被成功的便利)吓倒了;而且更幸运的是,人们并不曾质疑过它那全部的领域,因为教士们和国王们会联合起来,从它一诞生起就扼杀这个将会戳穿他们并推翻他们宝座的敌人。

　　印刷术无限地(而且花费很小地)增多了同一部著作的印数。从此,凡是懂得阅读的人就都有能力有书并按照自己的兴趣和需要得到书,而且这种读书的便利又扩大并且传播了进行教育的愿望和手段。

　　这些大大增多了的印本就以更大的速度在传播着,不仅是各种事实和发现获得了更广泛的公开性,而且它们还是以更大的敏捷性获得的。知识变成了一种积极的、普遍的交流对象。

　　人们曾不得不寻求各种手稿,正如我们今天寻求珍本著作那样。以往只是被某些个人所阅读的东西,这时已经有可能被所有的人都阅读了,并且几乎是在同时触及每一个懂得那同一种语言的人。

　　人们懂得了向分布在四方的各个国家讲话的办法。人们看到有一种新的论坛成立了,其中交流着虽不很活跃,却更加深沉的各种印象,其中人们对感情所施加的暴政统治较少,由此理性就获得一种更为可靠和更为持久的力量;其中全部的优势都是有利于真理的,因为它那艺术是唯有在丧失了诱惑别人的办法时,才获得了启蒙别人的办法。它所形成的公共意见,是由于共同享有这种意见的人数之多才有力量的,也是因为决定它的动机是同时涉及每一个人(哪怕是距离最遥远的人)的精神而生气蓬勃的。于是,我们就看到建立起一座独立于一切人间势力的法庭,它拥护理性和正义,人们很难向它隐藏什么,而且也不可能躲避它。

新的方法,在应该导致一种新发现的道路上的最初步骤的历史,为它做准备的那些劳动,可能催生这种想法的或者是仅只激起人们愿望去追求这种想法的各种观点,这一切都会很迅速地传播开来,向每一个人提供一整套所有人的努力所能创造出来的方法;并且由于这些相互的支持,天才就仿佛具有了不止于成倍增长的力量。

每种新的错误从其一诞生就受到驳斥,甚至往往是在它得以传播之前就遭到打击,它根本就没有时间能在人类的精神之中生根。从幼年时起在某种程度上就被接受并被认同为每个个人的理性的那些错误,以及恐惧或者希望使之对于脆弱的灵魂成了可爱的东西的那些错误,现在都被如下的这一点一笔勾销了,即要禁止对它们加以讨论,要掩饰它们是可以被驳斥和被摒弃的,要反对真理——真理从一个结果到另一个结果,最终会使人认识谬误——的进步,已经是不可能的事了。

正是由于印刷术,人们便有可能传播涉及当前局势或流行意见的种种著作;因此,在任何一个地点所讨论的每一个问题,都会引起讲同一种语言的人的普遍关注。

不求助于这种艺术,人们又怎么能够成倍地增加那些针对着各个阶级和各种教育程度的书籍呢？唯有长时期的讨论才能够给各种疑难问题带来确凿的知识，并在不可动摇的基础之上确切肯定那些过分抽象、过分微妙、过分远离人民的偏见或学者们的共同意见的真理，而不至于很快地被忘掉或被误解；纯基础性的书籍、字典与仔细收集有大量事实、观察和经验的那些著作，其中展现了一切的证明，讨论了一切的疑问；那些珍贵的集成所收罗的，或是人们对某一个特殊的科学部门所曾观察的、写过的或思考过的一切东西，或是同一个国度所有学者每个年度劳动的成果；那些各种各样的图表之中，有些是把人类精神非经历艰辛的劳动就无从掌握的成果呈现在人们的眼前，另有一些则可随我们的意而展示我们所需要知道的事实、观察、数字、公式和事物，而最后还有一些则是以方便的形式、以有规则的秩序提供了天才们可以从中得出新的真理来的资料，所有这些能使人类精神的进程更加迅速、更加确实和更加便利的手段，也都是印刷术的恩赐。

当我们来分析民族语言之取代了各个国度的学者在科学上使用的几乎是独一无二的那种共同语言〔1〕的作用时，我们还将再次指明这一点。

最后，印刷术不是把对人民的教育从一切政治的和宗教的枷锁之下解放出来了吗？这一种或那一种的专制主义枉然想要侵犯所有的学校；专制主义枉然想要严酷的体制永恒不变地固定下来以规定以哪些错误去污染人类的精神，哪些真理是应该下令予以保存的；专制主义枉然严命那些从事对人民的道德教育或对青年在哲学或科学方面的教育的讲席，除了有利于这种双重暴政〔2〕的学说外，其他一律都不得传

---

〔1〕"那种共同语言"指中世纪西方通用的拉丁文。——译注
〔2〕"双重暴政"指政治的和宗教的暴政。——译注

播；但是印刷术却仍然能够散布出一道独立而纯洁的光明。每个人都可能在沉默和孤寂之中从书上接受到那种教育，他们是不可能普遍地都被腐蚀的；只要还有一角自由的土地，出版业在那里可以发行它的印张，这就够了。有那么大量的不同书籍、同一部书又有不同的版本和重印本——它们顷刻之间就可以重新成倍地增加——人们又怎么可能充分确凿地封闭使真理得以引进的所有门户呢？当只不过毁掉一部手稿的几个抄本就可以一劳永逸地消灭它的时候；当禁止一种真理、一种意见过了若干年之后就足以把它浸没在永恒的忘却之中的时候——即使在那时候也都是很困难的事，而今天需要的却是保持永无休止的、不断更新的警惕和永不停息的活跃，那岂不是就变得不可能了吗？即使假设人们能抛弃那些十分明显是直接伤害了异端裁判官的利益的真理，人们又怎么可能防止那些包含有被查禁的真理深入和传播，不大被人察觉地在做着准备，并且有朝一日会把人们带到真理那里去呢？人们能否不被迫摘掉虚伪的面具，就做到这一点？而虚伪的灭亡几乎也正像真理之对错误的势力一样是致命的。我们也将看到理性会战胜这类徒劳无益的努力；我们将在那种总是重新出现而且往往是残酷的战争之中，看到理性会战胜暴力和欺诈，会藐视屠夫们并抵抗诱惑；理性的全能之手将会逐一地粉碎那种宗教虚伪——它要求人们对其宗教教条真心诚意地加以崇拜，以及那种政治虚伪——它卑躬屈节地劝诱人们和平地忍受对它有利的那些错误，而人民（如果相信它的话）在其中也会致使自己陷入万劫不复的地步。

　　印刷术的发明几乎恰好与其他两件大事的时间相吻合，其中的一件对人类精神的进步起了直接的作用，而另一件对全人类命运的影响则只要人类存在就不会终结。

我说的是土耳其人之攻占君士坦丁堡[1]，以及发现新世界[2]或开辟欧洲与亚洲、非洲东部的直接航线[3]。

希腊文人为逃避鞑靼人[4]的统治，都到意大利来寻求避难。他们以他们原来的文字[5]教人阅读古希腊的诗人、演说家、历史家、哲学家和科学家；他们首先是成倍地增多了它们的手稿，随后很快又成倍地增多了它们的各种版本。人们不再把自己局限于崇拜公认的被人称之为亚里士多德学说的东西，人们在他本人的著作里面去寻求它真正都是些什么，人们敢于评判它并且反驳它；人们用柏拉图来反对亚里士多德；而相信自己有权选择一个主人，这就已经是开始摆脱羁绊了。

讲授欧几里得、阿基米德、狄奥芳图斯、希波克拉底甚至于亚里士多德的动物学和物理学的书籍，就复活了几何学和物理学方面的天才；而哲学家们反基督教的种种意见则唤醒了几乎是熄灭了的古代对人类理性的权利的观念。

大无畏的人们被爱光荣和对新发现的热情所引导，开拓了欧洲的宇宙边界，向她展示了新的天空并开辟了未知的土地。达·伽马则以不知疲倦的坚忍在沿着漫长的非洲海岸航行之后，深入到印度；而哥伦布则投身于大西洋的波涛，到达了那个横亘欧洲西部与亚洲东部之间尚未为人所知的世界。

如果说这种情操——它那动荡不息的活动一直囊括着一切对象——预示了人类种种伟大的进步的话，如果说一种高尚的好奇心激

---

[1]　土耳其人于1453年攻占东罗马(拜占庭)帝国首都君士坦丁堡。——译注
[2]　"新世界"即新大陆，哥伦布于1492年发现美洲。——译注
[3]　达·伽马于1498年发现印度洋航路。——译注
[4]　鞑靼人(Tartars)，蒙古和土耳其诸部落的总称。——译注
[5]　即希腊文。——译注

发了航海的英雄们的话;那么一种卑鄙而残酷的贪婪心、一种愚蠢而凶残的狂想,就引导国王们和盗匪们要从他们的劳动之中坐享渔利。居住在那些新土地上的不幸的人们,根本就不被当作人看待,因为他们不是基督徒。这种偏见对暴君们的腐蚀更有甚于对受害者们,它扼杀了任何一种内疚之情,使这些从欧洲内部呕吐出来的野蛮而贪婪的人肆无忌惮地纵情于他们对金钱和流血的无休无止的渴望之中。有五百万人的骸骨,布满在葡萄牙人和西班牙人带来了他们的贪婪、他们的迷信和他们的恐怖的这片不幸的大地上。他们陈尸在这里直到一切世纪的终了,抗议着宗教具有政治效益的那种学说;而今天,在我们中间也还有它的护教者呢。

只是到了这个时代,人们才有可能认识自己所居住的地球,才有可能研究各个国度中由于自然原因或社会制度的长期影响而被改造了的人种,才有可能观察各种温度和各种气候的大地和海洋的物产。因而,这些物产向人们所提供的各种资源还远远不曾枯竭,它那广阔的领域甚至还远远无从设想,所有对这些事物的知识都能为科学增添新的真理并扫除被人相信的错误;商业活动给工业、给航海,并且由于一种必然的链索关系,也给所有的科学以及所有的艺术,都装上了新翅膀,这种活动也赋予了自由国家以抵抗暴君的力量,赋予了被奴役的人民以打碎他们的枷锁(至少是摆脱封建制度的枷锁)的力量;这些发现的幸运后果便是如此。然而,唯有到欧洲放弃了她那种压迫别人而又可鄙的垄断性的商业体系的时刻,唯有到她想起了各种不同气候之下的人们由于自然的愿望都是平等的并且都是兄弟,而绝不是生来就为了要助长某些特权民族的虚骄和贪欲的那时刻,唯有当她更好地明了自己的真正利益之后,还要号召所有的人都来共享她的独立、她的自由和她的知识的时刻,唯有到了那个时刻,这些好处才能够补偿它们为人道所付出的代价。不幸的是,我们仍然必须追问,这场革命究竟是不是哲学进步的可敬成果,还是像我们所已经看到的那样,那只不过是民族猜忌与过分暴政之可耻的后果而已。

直迄这个时代,教士阶级的横暴一直都没有受到惩罚。备受压迫的人道以及备受侮辱的理性的种种抗议,都在血和火之中被扼杀了。支配着这些抗议的那种精神并没有熄灭,但是对恐怖的沉默却鼓动了新的丑事。终于,让僧侣们在酒馆中、在公共场所中推销赎罪券的丑事,就造成了一场新的爆发。路德一只手擎着圣书,另一只手则揭示教皇已经取消了其自身赦免罪行与销售免罪券的权利;教皇长期以来对与他平等的主教们施行了肆无忌惮的专制主义,早期基督徒的兄弟式的最后晚餐,已经在弥撒的名义之下变成了一种巫术活动和一种商品;教士们已沦于无法挽救的独身状态的腐化之中;这种野蛮而丑恶的法律扩及那些僧侣和修女,他们的教权野心已经淹没了并且玷污了教会;俗人们的种种秘密都通过忏悔而贡献给了教士们的阴谋和情欲;最后,在那些对面包、对人、对圣骨或对圣像的奢靡无度的崇拜之中,就连上帝自身也得不到多少崇拜了。

路德向惊讶不已的人民宣布;这些颠倒黑白的制度根本就不是基督教,而是基督教的堕落和耻辱;要忠诚于耶稣基督的宗教,就必须从抛弃这些教士的宗教开始。他同时运用了辩论术和学术研究作为武器,用同样有力的讥讽作为投枪。他同时以德文和拉丁文在写作。这已经不再是阿尔比派或冉·胡斯[1]的时代了[2],那些人的学说在他

---

[1] 冉·胡斯(Jean Hus,即 Jan Huss,1369—1415)系捷克的宗教改革者,由此爆发的胡斯战争至 1471 年始告结束。——译注
[2] 马丁·路德(Martin Luther,1483—1546)于1519 年发动宗教改革运动。——译注

们自己教会的界限之外便不为人所知,所以十分容易受到中伤。而新使徒们的德文书籍,却同时深入到帝国[1]所有的村落;而他们的拉丁文书籍,则把欧洲从迷信将她投了进去的那场可耻的迷梦之中挽救了出来。自己的理性虽已预见到了这些改革者,但恐惧却使得自己保持沉默的那些人,虽受到了一种秘密怀疑的刺激但甚至于对自己的良心也战栗得不敢加以承认的那些人,那些更为单纯而从不知道整个神学的荒诞领域的人,那些从不曾反思过这类反对意见的人——他们都惊讶地获知,他们必须要在不同的意见之间做出抉择;所有的人都如饥似渴地投身于这些讨论,他们看到了,他们世俗的利益和他们未来的真福全都有系于此。

整个基督教的欧洲,从瑞典到意大利,从匈牙利到西班牙,一瞬间就布满了新学说的信徒们,而且这场改革本来是会使得居住在欧洲的各个民族都摆脱罗马[2]的羁轭的,假如不是某些诸侯的错误政策又抬出了已经是太经常地压在君主们头上的那同一根神圣的权杖的话。

当时他们的政策——而不幸的是,他们的继承者们今天还没有加以抛弃——乃是为了获得新的国土而毁灭自己的国家,要以领土的广阔而不是以自己臣民的数目来衡量自己的权力。

因而,一心争夺意大利的查理五世和弗朗索瓦一世[3],就都为了照顾教皇的利益而牺牲了本来应该对本国进行改革所能带来的利益。

皇帝查理看到欧洲的诸侯们都赞成那些可以扩大自己权力和自己

---

[1] 指中世纪神圣罗马帝国,包括德国在内。——译注

[2] 指罗马天主教会的统治。——译注

[3] 查理五世(Charles Quint,即 Karl V,1509—1556 年在位)为神圣罗马帝国皇帝,弗朗索瓦一世(François Ⅰ,即 Francis Ⅰ,1515—1547 年在位)为法国国王;两人为了争夺意大利前后曾进行过四次战争。——译注

财富的宗教见解，便自封为古老的滥用权力的保护人，希望着一场宗教战争会给他一次侵占他们的国家和摧毁他们独立性的机会。弗朗索瓦则想象着，烧死新教徒但保护他们在德国的领袖便可以保持教皇的友谊而又不至于失掉有用的盟友。

但这还不是他们唯一的动机；专制主义也有它的本能，而这种本能就唤醒了国王们：人们一旦使宗教的偏见受到理性的检查之后，马上就会把它伸展到政治的偏见上去；他们明白了教皇的篡权之后，终于也要弄明白国王们的篡权；而对王权如此有利的对于教会滥用权力的改革，就会导致对于王权所赖以建立的种种更为压迫人们的滥用权力的改革。因而任何一个大国的国王都不曾自愿地垂青于改革派。亨利八世遭到了教皇革除教门的打击，却继续迫害改革派；爱德华和伊丽莎白[1]若想要依附教皇的权威，就不能不宣布自己是篡位者，所以在英国就建立了一套与之极为近似的信仰和崇拜。[2] 大不列颠的新教国君们每当天主教会不以王冠的谋篡者的罪名来威胁他们的时候，就总是偏袒天主教。

在瑞典，在丹麦，路德教义的确立，在国王们的眼里，只不过是为了确保驱逐信奉天主教的暴君而由他们自己取而代之的一种必要的防范措施罢了；而且我们已经在那个由一位哲学家君主所建立的普鲁士君主国[3]里，看到了他的继承者掩饰不住要秘密地倾向于那种对国王们是如此之可爱的宗教。

---

[1] 亨利八世(1509—1547年在位)，爱德华六世(1547—1553年在位)，伊丽莎白(1558—1603年在位)相继为英国国王(都铎王朝)。——译注

[2] 1534年英国开始宗教改革，建立英国国教。——译注

[3] 勃兰登堡选帝侯腓特烈三世(1688—1701年在位)，于1701年加冕为普鲁士国王腓特烈一世(1701—1713年在位)。——译注

宗教的不宽容对所有的教派都是共同的,它也激起所有的政府都不宽容。教皇派迫害所有的改革教派;而各个改革教派尽管彼此互相革除教门,却又联合一致反对反三位一体论者;反三位一体论者则更为一贯得多,他们要使所有的教条都同等地不说是接受理性的检验,至少也要接受一种讲道理的批判的检验,他们并不想要自己有义务摆脱某些荒谬,只为的是要保存其他具有同样反叛性质的那些荒谬。

这种不宽容也为教皇主义的事业而服务。长期以来在欧洲,特别是在意大利,就有这样一类人,他们摒绝一切迷信,对一切崇拜都漠不关心而只服从理性,他们把宗教看作人类的发明;他们尽管可以秘密地嘲笑它,但是谨慎和策略却要求他们表现出尊敬。

后来,人们把勇气推进得更远了;当人们在学院里运用被误解了的亚里士多德哲学来使神学玄奥的技术完善化,并自然而然地使得只能是荒谬的东西显得十分巧妙时,有些学者就力图根据自己的真正的学说来建立一种对一切宗教思想都具有毁灭性的体系;按照这种体系,人的灵魂不外是随着生命而一道消失的一种能力,按照这种体系,除了自然界的必然规律外,他们不承认有任何其他的天意、任何其他的世界统治者。他们受到了柏拉图主义者的驳斥,柏拉图主义者的见解接近于后来人们所称为的自然神论,而那在教会的正统看来,只能是更可怕的东西。

对酷刑的恐惧,很快就遏止了这种放肆的坦率。意大利和法兰西沾染了争取思想自由的殉道者们的鲜血。所有的宗派、所有的政府、所有各种类型的权威,唯有在反对理性这一点上,表现是一致的。理性必须用一幅幕幔遮掩起来,瞒过暴君们的眼光,让它自己只能被哲学家的眼光所看透。

于是人们就不得不把自己关进那种秘密学说的怯生生的根据地之

中,那种秘密学说是从来也不曾中断拥有大量的信徒的。它特别是在政府首脑中间以及在教会的首脑中间传播着;到了宗教改革时期,这些宗教的马基雅维利主义[1]的原则就变成了诸侯们、大臣们和主教们的唯一信仰。这些见解甚至腐蚀了哲学。实际上,这样的一种体系又能期待有什么道德可言呢?它那原则之一就是:人民的道德必须依恃虚假的见解,启蒙了的人就有权去欺骗人民,只要是他们能向人民提供有用的错误,并把人民拘禁在唯有他们自身懂得如何从其中解放出来的那些枷锁之中。

假如人类天赋的平等、他们权利的根本依据,乃是一切真正道德的基础的话,那么对一种公然以鄙视那种平等和那些权利为其准则之一的哲学,还能希望什么呢?毫无疑问,就是这种哲学也曾做到过有助于理性的进步,它曾默默地准备了理性的统治;但是,只要它是独自存在的,它就只是以虚伪来代替狂热,并且就只能败坏那些主宰国家命运的人,哪怕是能把他们提高到偏见之上。

真正启蒙了的哲学家们是与野心格格不入的,他们把自己仅限于极端小心翼翼地来为人民解惑,而不允许自己把人民滞留在他们的错误之中;这些哲学家本来是会被引向拥护宗教改革的;然而由于发现到处都遇到同样的不宽容而大感失望,所以他们大多数人都不认为应该把自己卷入某种转变的困境之中,假如转变之后他们发现自己仍会受着同样束缚的话。既然他们始终不得不装做相信他们所摒弃的种种荒谬,那么他们就觉得,减少了一点点荒谬也并没有很大的好处;他们甚至于害怕由于自己背弃宗教会给自己加上一副心甘情愿的虚伪面貌;

---

[1] 马基雅维利(Niccolo Machiavelli,1469—1527),意大利政治理论家与历史学家,他的学说以宣传狡诈和暴力而闻名。——译注

而他们继续依附于旧的宗教,却又以他们的名望而加强了旧宗教的权威。

鼓动了宗教改革家的那种精神,并没有导致真正的思想自由。每种宗教在它自己所统治的国度里,都仅容许某些见解。然而由于这些不同的信仰之间是彼此相反的,所以很少有什么见解是不在欧洲的某些部分受人攻击或者为人拥护的。此外,各种新的宗教团体也被迫放松了一点教义的严格性。它们不可能把探讨的权利缩小在过分狭隘的界限之内而又没有重大的矛盾,因为它们就是根据那种同样的权利而确定自己分离了出去[1]的合法性的。如果它们拒绝给予理性以其全部的自由的话,它们却同意使它那座监狱不再那么狭隘了:枷锁并没有被打碎,但是它却没有那么沉重,而是放松了。终于,在某种宗教已不可能压制所有其他宗教的那些国度里,就确立了统治教派的高傲所敢于称之为宽容的那种东西,也就是说,某些人允许别人去相信他们的理性所接受的东西,去做他们的良心所吩咐他们要做的事,并对他们共同的上帝去做他们认为是最能使上帝高兴的礼拜。到了这时,人们才能够以或多或少是完全的坦率来拥护各种已获得了宽容的学说。

于是,我们就看到在欧洲产生了一种思想自由,但并非是对所有的人,而只是对基督徒;并且如果我们把法国除外,那么今天就唯有基督徒到处都有着这种自由。

但是那种不宽容便迫使人类的理性去探索那些早已为人遗忘了的权利,或者说那些从来就未曾很好地为人所理解过,也未曾为人所阐明过的权利。

有些慷慨志士激愤于看到人民被国王们、迷信的奴隶们或教会的

---

[1] 指新教各教派脱离罗马天主教会而独立。——译注

政客们一直压迫到人民良心神龛的深处,终于竟敢要检查他们权力的基础;并且向人民揭示了这一伟大的真理,即他们的自由乃是一项不可转让的财富,根本就不存在任何可以袒护暴政的规定,任何可能把一个民族和一个家族无可更改地绑在一起的约定;而所有的行政官,不管他们的头衔、他们的职务、他们的权力是什么,都是人民的公务员而不是他们的主人;人民保留从他们那里撤回唯有人民自己才能授予权威的权力,无论是当他们滥用权威的时候,还是当人民不再认为保留他们的权威对自己的利益有用的时候;最后,人民还有惩治他们以及撤销他们的权利。

阿尔图修斯、郎盖以及后来的尼德汉、哈林顿[1]等人所大胆宣扬并生气勃勃加以发挥的那些见解便是如此。

他们在向自己的时代致敬时,往往过分依赖文献,依赖权威,依赖前例;于是我们便看到,他们的见解更多地是得益于他们精神的高尚和他们性格的力量,而不是一种对社会秩序的真正原则的确切分析。

同时,另有一些更谨小慎微的哲学家则让自己满足于在人民与君主之间建立一种权利与义务二者间的确切的相互关系,一种维持约定的平等责任。人们可以废黜或者惩处一个世袭的首长,但只能是在他破坏了那个神圣的契约的时候,而这一契约并不因此就不继续适用于他的家庭了。这一学说抛弃了天赋权利(droit naturel),使一切都回到了人为权利(droit positif),它得到了法学家和神学家的支持;它更有利

---

[1] 阿尔图修斯(Johannes Althusius,1557—1638),德国法学家与政治学家;郎盖(Hubert Languet,1518—1581),法国政论家;尼德汉(M.Needham,1620—1687),英国政论家;哈林顿(James Harrington,1611—1677),英国政论家;四人都是人民主权论的先驱。——译注

于当权者的利益和野心家的谋划；它打击的主要是被赋予了权力的人们而非权力本身。从而它几乎普遍地被政论家们所遵循，并被作为革命和政治争端的根据而采用。

[历史向我们表明，在这个时代很少有朝着自由的真正进步，但在政府中却有了更多的秩序和更大的力量，而在各个民族中间则对自己的权利也有了一种更强烈的，尤其是更正当的感情。法律被更好地编订出来，它们看来往往更不像是环境的与心血来潮之飘忽不定的产物；它们是由学者们所制定的，假如它们还不是由哲学家们所制定的话。]

激发了意大利各共和国、英国和法国的那些群众运动和革命，当然要吸引哲学家们注意到政治这一部分的内容，其中包括观察与预见宪法、法律、政治体制对人民的自由、对繁荣、对国家的力量、对保存自己的独立和自己的政府形式所可能起的作用。有些人，如莫尔[1]和霍布斯，就模仿着柏拉图，要从某些普遍的原则中推导出一整套社会秩序的方案，并提出一种人们的实践必然会不断趋近着的模型。另有些人，如马基雅维利，就从深入地考察历史事实之中寻找规律，人们按照这种规律就可以自诩能掌握未来。

[经济科学还不存在；君主们并不计算人口的数目而只计算士兵的数目；财政则只不过是掠夺人民而又不把他们推向造反的那种艺术而已；政府都不关心商业，除了是以征税来勒索它，以特权来妨害它，或者是争夺对商业的垄断权。]

欧洲各国所关心的乃是把它们结合在一起的共同利益以及它们认为是彼此相反的利益，它们感到有需要承认它们之间有某些规则，这些

---

[1] 莫尔（Morus，此处作者系用拉丁拼法，即 Thomas More, 1478—1535），英国作家。——译注

规则即使是独立于条约之外,也会主宰它们之间和平的关系;而另一些规则即使是在战争中也是要受到尊重的,它们可以缓解残暴,减少洗劫并且至少是预防无益的祸害。

因而就有了一种国际法(droit des gens)的科学;但不幸的是,人们并不是在理性和自然——它们是各族独立的人民所能承认的唯一权威——之中,而是在既定的习惯之中、在古人的意见之中,去寻找这些有关各个国家的法律。人们更关心的倒不是人权、对个人的正义,而是各个政府的野心、虚骄和贪欲。

因此在这个时代里,我们根本就看不到道德学家在追问人心、分析人的能力和情操,为的是要从中发现人性,以及人的责任的起源、规则和对它的认可。然而他们却懂得使用经院哲学的全部玄妙,为那些合法性似乎不确定的行为找到无辜由此而告终、罪恶则自此而开始的那条精确界限;要决定是哪种权威才在实践上具有足以论证某种这类可疑的行为的必要分量;要时而是根据类型和品种,时而是按它们相应的重量来有系统地区分各类罪恶;而尤其是要能很好地分辨那类罪恶,其中任何一条都足以得到永恒的天惩。

毫无疑义,有关道德的科学还不可能存在,因为教士们享有解释它们和判断它们的独占特权。然而正是这些既可笑而又丑恶的玄妙,却引导人们要去研究并且有助于他们去认识各种行为以及它们的动机的道德性的程度、义务的等级和限度、当它们看来互相冲突时人们所应该据之以做出抉择的那些原则:就正如研究一架偶然落到了一位巧匠手里的粗糙的机器,往往会使他制造出一架更完美的而真正有用的新机器来。

[宗教改革由于取消了忏悔、赎罪、僧侣和教士独身制,从而净化了道德的原则,并且甚至于减少了那些接受宗教改革的国家中的风尚

的腐化程度。它使得他们免除了教会的赎罪制（它是对罪行的危险的鼓励）和宗教的独身制（它是一切德行的破坏者，因为它是家庭美德的敌人）。］

这个时代要比任何其他时代都更加浸透了巨大的邪恶。它是宗教大屠杀的时代，是神圣的宗教战争的时代，是新大陆人口绝灭的时代。

［这个时代看到了古代奴隶制的重建，但却更野蛮、更充斥着违反自然的罪行；它看到了商业的贪欲竟以人的血肉之躯做交易，以欺诈、抢劫或谋害把他们买来之后，又把他们作为商品出售，把他们从一个半球运到另一个半球去献身，生活在屈辱和暴虐之下，忍受着漫长、迟缓而残酷的毁灭之苦。〔1〕］

同时，虚伪便把屠夫和杀人犯布满了欧洲。狂热主义这个魔鬼受到了创伤的刺痛后，似乎是加倍地凶残，并急于要把它的受害者堆积成山，因为理性不久就会把他们从它的手中夺走。然而我们终于看到出现了一些具有温良和勇敢的美德的人，他们尊重并安抚了人道。历史提供了它可以毫无愧色而加以宣布的那些名字；纯洁而坚定的灵魂与卓越的才能相结合的伟大性格，就跨过这些背信弃义、腐化堕落和残杀的场景而从一个地方到另一个地方展现了出来。人类仍然在抗拒着观照这幅图景的哲学家，但是人类已不再侮辱哲学家了，而且还向他展示了未来不久的希望。

科学的前进是迅速而又辉煌的。代数学的语言已经普及了、简化了、完善了，或者不如说，就只有在这个时候，它才真正地形成了。方程式的普遍理论的最初基础已经被提出来，它们所做出的解答的性质被深化了；三次方程和四次方程的解答已经被解决了。

---

〔1〕 此处系指新大陆的奴隶贸易。——译注

对数的巧妙发明简化了算学的运算,便利了所有对具体事物计算的应用,从而扩展了各个科学的领域;在这些科学里对人们所努力要认识的具体真理的这类数字的应用,乃是以事实与一种假说或一种理论的结果相比较的方式之一,并且由于这种比较而达到了发现自然界的规律。事实上,在数学中,方程运算的长度及其纯实践的复杂性都是有限度的;超出此外,时间甚至于精力就不可能达到了;如果没有这些幸运的简化方法[1]的帮助,任何一项就都会标志着这门科学本身的界限以及天才的努力所能解决的极限。

落体定律是伽利略[2]发现的,他懂得从其中推导出来等加速度运动的理论,而且计算出一个物体在真空中以一定的速度被抛出并受到沿着平行方向作用着的恒定力推动时所形成的曲线。

哥白尼复活了那个长期以来被人遗忘了的真正的宇宙体系,并且以视运动的理论推翻了那种体系中违反感官的一切东西;他以从那个体系中所得出的真运动的极端简捷性来反对托勒密[3]假说所要求的那种几乎是荒唐的运动复杂性。行星的运动更加为人理解了,开普勒[4]的天才则发现了它们轨道的形状和按这些轨道运行所依据的永恒定律。

伽利略把新发现的并由他所完善的望远镜应用于天文学,从而为人们的眼光开辟了新的天地。他所观察到的太阳表面上的黑子,使他

---

[1] 指对数运算。——译注
[2] 伽利略(Galilée,即 Galileo Galilei,1564—1642),意大利物理学家,近代古典力学体系的奠基人。——译注
[3] 托勒密(Ptolémée,即 Ptolemy,公元 2 世纪),希腊天文学家,主张地心说。——译注
[4] 开普勒(Johannes Kepler,1571—1630),德国天文学家,行星运动定律的发现者。——译注

认识到太阳的旋转，他还确定了太阳旋转的周期和定律。他指出了金星的各相，他发现了环绕着木星有四个卫星，它们循着巨大无比的轨道在伴随着它。

他学会了以单摆的振动来准确地测定时间。

因而人们得益于伽利略的乃是最早有关运动的数学理论，即运动并非同时既是均匀的又是直线形的，也还有有关自然界的力学定律的最初知识；人们得益于开普勒的乃是有关这些经验定律之一的知识，这些定律的发现有着双重的好处，既导致了对这些定律表达了其结果的力学定律的知识，又对那种知识补充了尚未容许人们获得的许多东西。

空气重量的发现和血液循环的发现，标志着由伽利略学派诞生的实验物理学的进步和已有长足进展而且不能与医药学相分离的解剖学的进步。

博物学和化学（尽管还有其幻想式的想法及其谜语式的语言）、药学和外科学，都以它们进步的迅速而令人惊讶不止；然而它们却往往以其仍然保留着那种怪诞的偏见的景象而刺激着我们。

［我们不谈盖斯纳和阿格里柯拉[1]的著作中包含着既有真正的知识又有同样之多的各种科学的或流俗的错误的混合，它们都很少有什么改变，我们只来看看贝纳德·德·巴里西[2]，他既向我们表明了取得我们建筑材料的采石场以及构成群山的大量石块都是由海洋动物的遗骸所形成的，那是古代大地变动的可靠证据；又向我们阐述了水是

---

[1] 盖斯纳（Konrad Gesner, 1516—1569），瑞士博物学家；阿格里柯拉（Agricola, Georg Bauer, 1494—1555），德国矿物学家。——译注

[2] 贝纳德·德·巴里西（Bernard de Palissi, 1510？—1589 或 1590），法国作家，在地质学与化学上曾有多种发现。——译注

怎样由于蒸发作用而由海上升起,再由于雨而回到地面上来,被黏土层所阻止,在高山上积成冰川,从而维持着泉水和江河的永恒奔流;同时冉・雷伊[1]则发现了空气与金属物质相结合的秘密,这是若干年以后推进了化学前沿的那些辉煌理论的最初萌芽。]

在意大利,史诗的、绘画的、雕刻的艺术达到了古人前所未知的完美境界。高乃依[2]宣告了法国的戏剧艺术已经接近于达到更高的境界;因为假如说,对古代的热忱或许很有道理,使人相信从曾经创造出了这些杰作的人们的天才之中可以看出有某种优越性,那么以他们的著作来比较意大利的和法国的作品,理性就不能不看出艺术本身在近代人手里所做出的真正进步。

意大利语这时已经完整地形成了,而其他民族的语言则每天都看到有某些自古以来的野蛮性在消失。

人们开始感到形而上学和文法学的用处,开始认识到从哲学上分析和解释由字和词的构成习惯所确定的各种规律或各种程序的方法。

我们看到在这个时代里,理性与权威到处都在竞相争夺自己的帝国,这场战斗·准备了并预告了理性的凯旋。

正是这时候产生了那种批判的精神,唯有它才能使得学问真正有用。人们仍需要去认识古人曾做过的一切;但他们开始懂得,如果他们要崇拜古人,他们却也有评判古人的权利。理性有时候要依靠权威,同时又是如此之经常地被用来反对权威;理性所欣赏的是:人们希望在理性中能找到某些支持的价值,或是人们要求为理性做出牺牲的动机。凡是把权威当作自己意见的基础、当作自己行为的向导的人,都感到要

---

[1] 冉・雷伊(Jean Rey,1583—1645),法国化学家。——译注
[2] 高乃依(Pierre Corneille,1606—1684),法国悲剧家。——译注

确保自己武器的力量,而不把自己暴露在理性的最初打击之下并看到它们被粉碎,这一点对于自己是多么重要。

对于科学、对于哲学、对于法理学以及差不多对于历史学无一例外地都用拉丁文来写作的习惯,一点一点地让位给了使用各个国度的日常口语的习惯。而现在就是应该考察这一变化对人类精神的进步有着什么影响的时刻了,它使得各种科学更为通俗,然而对于学者们来说却减少了追踪其普遍进程的便利;它使得一部书在同一个国度里被更多没有受过多少教育的人们所阅读,而在整个欧洲却更少地被更有教养的人们所阅读;它免除了大量渴望受教育的人要学拉丁文之苦,这些人既没有时间也没有办法获得一种广泛而深入的教育;然而它却迫使学者们消耗更多的时间研读更多的不同的语言。

我们将要表明,假如不能使拉丁文成为全欧洲通用的一种俗语的话,那么在科学中保留以拉丁文书写的习惯,对于那些钻研科学的人来说,就只有一种暂时的用处;而存在着对所有的国家都是同样的一种科学的语言,同时每个国家的人民又都说着另一种不同的语言,这就会把人划分为两类,在人民中间把偏见和错误延续下去,这对于真正的平等、对于同等地使用同样的理性、对于同等地认识必然的真理,就会设置下一道永恒的障碍;而且在这样阻碍了人类整体的进步的同时,它终究会像东方一样结束各门科学本身的进步。

长期以来只是在教堂之中和在修道院之中才有教育。

大学仍然是由教士们控制的。他们被迫向政府交出了他们的一部分影响,但仍然完整地保留着对普通教育和初等教育的影响,以及包括对各种日常职业的必要知识和对各色人等的影响,而且它包办了幼年时期和青年时期,它按照自己的意图来塑造他们尚未定型的智力和柔弱未定型的灵魂。他们交还给世俗权力的,只是对法学、对医学、对高深的科学教育、对文学、对各种学术语言的研究的指导权；这些学校为数甚少，而且人们只是把已经经过神学羁轭所塑造的人们送到那里去。

在经历了宗教改革的国度里，教士们丧失了这种影响力。事实上，普通教育尽管要依赖政府，却并未停止受神学精神的指导；只不过它已经不再清一色地被托付给教会团体的分子罢了。它继续以宗教的偏见腐蚀人的精神，但是它已经不再使人的精神屈从于教会权威的羁轭；它仍然塑造狂热的信徒、通灵者和诡辩家，但是它已经不再造就出膜拜迷信的奴隶们了。

然而教育处处都受到奴役，处处都腐蚀了群众的精神，它以自己本国宗教偏见的重担压抑着所有孩子的理性，并以政治的偏见窒息着有志于更广阔教育的青年们的自由精神。

不只是每一个人都要留待自己去发现介乎本人与真理之间的由他的国家和时代的种种错误构成的、稠密而可怕的方阵；而且在某种意义上，他们已经使得这些错误的最危险的部分成为自身的一部分。每个人在能够清除别人的错误之前，就应该首先认识自己的错误；并且在与自然界为了反对发现真理而设下的种种困难进行斗争之前，有必要在某种意义上先改造自己的智能。教育已经给了人某些知识；但是要使它们有用，就必须净化它们，使它们摆脱迷信和暴政给它们设置下的那层迷雾。

我们将要表明，都有哪些或多或少是有力的障碍、哪些公共教育的弊害、哪些互相反对的宗教信仰、哪些不同政府形式的影响，是带来了人类精神的进步的。我们将要看到，服从于理性的对象越是触及政治的和宗教的利益时，这类进步就会越发缓慢；而普遍的哲学、形而上学——它们的真理直接打击了所有的这些迷信——在它们的进程之中，还要遭到比政治学更加顽固的阻滞，而政治学的完善化则只不过是威胁到国王的或贵族元老的权威而已；这一看法也同样地可以适用于物理科学。

我们将要阐述其他可能由每种科学所观察的对象的性质或是它们所运用的方法而产生的不平等状态的根源。

我们对同一门科学在不同的国度里都同样可以观察到的这一点，也是各种政治原因和各种自然原因所合成的效果。我们将要考察，在这些不同之中，哪些属于宗教的分歧、属于政府的形式、属于国家的财富和力量、属于其特性、属于其地理位置、属于以之为舞台的那些历史事件；最后还有哪些是属于在它的内部产生了某些非凡人物的那种偶然性的；他们的影响扩及整个人类，却更加生气勃勃地作用于他们自己。

我们将要区分科学本身的进步（那只能是以其中所包含的真理的总量来衡量）和一个国家在某一门科学上的进步（衡量这种进步，一方面要看懂得其中那些最常见和最重要的真理的人数，而另一方面则要看这些普遍为人所认识的真理的数目和性质）。

事实是我们已达到了文明的这样一个时刻，这时人们得益于知识的并不只是由于他们接受了有知识的人的服务，而且是因为他们懂得使之成为一份遗产，直接运用它们来保护自己以免错误，来预见或满足自己的需要，来保护自己免于生活的灾祸或者以新的欢乐来减轻它们。

这个时代里的真理的保卫者们所遭受的种种迫害的历史，是绝不可以忘却的。我们将会看到，这些迫害从哲学的和政治学的真理一直扩展到医药学的、博物学的、物理学的和天文学的真理。在公元 8 世纪，有一位无知的教皇迫害了一个助祭教士，因为他曾主张地球是圆的而违反了修辞学家奥古斯丁[1]的见解。在 17 世纪,另一位教皇的更为可耻的愚昧,竟把深信已经证明了地球的日运动和年运动的伽利略交付给了异端裁判所的法官们。近代意大利所曾奉献给科学的这位最伟大的天才,在年迈体衰的重担之下,不得不为了避免折磨或监禁,要求上帝赦免他曾教导过人们更好地认识上帝的作品并以上帝用以统御宇宙的那些永恒规律的简捷性来崇拜上帝。

然而神学家们的荒谬是如此之显而易见,以至于他们向人类的尊严让了步,容许人主张地球运动,只要那是作为一种假说,只要信仰并没有受到任何污染。但是天文学家恰好做出了相反的事:他们相信地球真在运动,并按照它那不动性的假说进行了计算。

有三位伟大的人物标志着从这个时代过渡到继之而来的时代:培根、伽利略、笛卡儿。

培根揭示了研究自然界和自然界所赋予我们可以窥探她的奥秘的那三种工具的真正方法,即观察、实验和计算。他要求厕身于宇宙中间的哲学家们,首先要摒弃自己所曾接受的种种信仰,乃至于自己所曾形成的种种概念,以便在某种意义上为自己创造出一种新的理解,其中仅只容许有精确的观念、严谨的概念和那些准确性或概然性的程度是经过严格测定的真理。但是培根虽然具有最高度的哲学天才,却并不具备科学的天才;而对这些发现真理的方法,他并没有做出过任何示范,它们虽然受到哲学家们的称赞,却并没有改变科学的行程。

伽利略以有用的而又辉煌的发现丰富了科学,他以自己的范例教导人们以一种确切而丰富的方法去改善对自然规律的认识的手段,它绝不要求人们为了怕犯错误而牺牲成功的希望。他为科学奠定了最初

---

[1] 即圣奥古斯丁(Saint Augustin,354—430),早期中世纪教父。——译注

的学派,在那里研究科学绝没有为了偏见或为了权威的缘故而掺杂任何的迷信;在那里人们以一种哲学的严肃性摒弃了除实验与计算之外的其他一切手段。然而在他把自己全然局限于数理科学时,他却未能给人们的精神留下他们似乎是在期待着的那种行动。

这项荣誉就留给了笛卡儿这位聪明而勇敢的哲学家。他在科学上秉有一种伟大的天才,他做出了一种典范的教诫,制定了发现和认识真理的方法。他展示了怎样把它应用于发现折光定律和物体碰撞定律;另外还有一门新的数学分支[1],是要开拓数学的全部疆域的。

他想要把他的方法扩大到人类智力的全部对象上:上帝、人、宇宙,一一成为他思索的主题。如果说在物理科学中他的前进不如伽利略的那么确凿,他的哲学不如培根的那么聪明,如果说人们可以责备他不曾充分学习到后者的教导和前者的范例,不信任自己的想象力,只根据经验来诘问自然,只相信计算,只观察宇宙而不是构造宇宙,只研究人而不是预测人,那么笛卡儿那些错误的胆大,其本身便有助于人类的进步。他激发了人类的精神,那是他的对手们的智慧所未能唤醒的。他呼唤人们挣脱权威的羁轭,除了自己的理性所认可的外,绝不再承认任何东西;而且人们服从他,乃是因为他以他的勇敢征服了人们,他以他的热忱引导了人们。

人类的精神还不曾自由,然而人类懂得了自己生来就是为了要自由的。凡是敢于坚持要保留对自由的枷锁或者是力图向人类加上新枷锁的人,都不得不向人类证明,人类是应该保持或者应该接受这些枷锁的;然而从这时起,人们就可以预见到,它们不久就将会被打碎。

---

[1] 指笛卡儿所发明的解析几何学。——译注

第九个时代 从笛卡儿

——下迄法兰西共和国的形成

我们已经看到了人类理性由于文明的自然进步而在缓慢地形成；看到了迷信纠缠住它，从而在腐蚀它，专制主义则以恐惧和不幸的重担在败坏着并麻痹着人类的精神。

唯独有一个民族[1]逃脱了这种双重的影响。在自由刚刚点燃了天才的火焰的那片幸运的土地上，人类的精神摆脱了自己婴儿期的学步带，便以坚定的步伐朝着真理前进。然而这场征服不久又带回了暴政，随之而来的便是它那位忠实的伴侣——迷信；于是整个人类就再度被投入到看来似乎会是永恒的黑暗之中。同时，曙光却一点一点地重现出来；长期以来受蒙蔽的眼睛瞥见了它，但又闭了起来，慢慢地才对它习惯了，终于凝视着光明，于是天才就敢于在狂热与野蛮曾经把它驱逐出去的这片大地之上重显身手。

我们已经看到，理性扬弃了它那枷锁，解开了其中的某些锁链，并不断获得新的力量在准备着和加快着自己获得自由的时刻。

现在就有待我们去追踪理性终于粉碎这些枷锁的那个时代了，那时候理性虽然仍被迫受制于它们的残余，却一点一点地从其中解脱出

---

[1] 指法兰西民族。——译注

来;那时候它终于在自己的前进之中获得了自由,就只不过受到了那些障碍滞留,而那些障碍的重新出现在每一次新的进步中都是不可避免的,因为它们是由我们智力构成的本身所必然造成的,也就是说,那是我们发现真理的手段与真理抵抗我们努力的阻力两者之间的性质所确立的一种关系。宗教的不宽容,曾经迫使比利时的七个省挣脱了西班牙的羁轭[1],并形成了一个联邦共和国。都是由于它,才唤醒了英国的自由,英国被漫长的流血动乱弄得疲惫不堪,最后是在一部长期为哲学所称道的宪法之中平息了下来,但此后却沦于只靠民族迷信和政治虚伪来作为支撑。

最后,也还是由于教会的迫害,瑞典民族才有勇气重新取得了自己的一部分权利。[2]

然而在由于神学争论而造成的这些运动中,法国、西班牙、匈牙利和波希米亚却看到了自己那种微弱的自由的消失,或者至少表面上看来是如此。

我们枉然在这些号称自由的国度里,寻找那种并不侵犯任何天赋人权的自由;那种自由不但保全了对天赋人权的所有权,而且还保留了对它的使用权。我们在这里发现的乃是一种基于分配得并不平等的人为法之上的自由,那是按一个人居住在这个或那个城市、他出生于这个或那个阶级、他拥有这些或那些财富、他从事这种或那种职业和享有多少与之相称的特权;而对比一下各个不同的民族中间的这些荒诞区别的史表,就可以更好地答复我们所能反对的那些人,他们仍然在维护那

---

[1] 指1568—1648年的尼德兰革命,七个联合省摆脱了西班牙哈布斯堡王朝的统治,宣告独立。——译注

[2] 瑞典于16世纪初进行宗教改革,瑞典教会对罗马教廷宣告独立。——译注

种自由的好处和必要性。

然而就在这些国度里,法律却保障个人的与公民的自由;而且假如一个人并不是他所应该是的那一切,他那天性的尊严也并没有被贬低;至少某些这类的权利还是被人承认的;人们已经不再能说他是奴隶了;人们应该只是说,他还不知道怎样真正是自由的。

在这些民族中,自由在这个时候就造成了或多或少是真正的损失,人民群众所享有的政治权利被限制在极其狭隘的范围之内,以至于只要推翻他们呻吟于其下的那种几乎是为所欲为的贵族制,就似乎不只是补偿了他们的损失而已。他已经丧失了公民那个头衔,不平等使那几乎成了虚幻;然而人的资格却更加受到尊敬;而王朝的专制主义则把他从封建的压迫之下解救出来,使他避免了那种屈辱状态——那种状态随着暴君的数量及其出现而不断重复着的感情,使得他越发痛苦。法律必须加以完善——既在半自由的体制之下(因为在这里运用真正权力的人,其利益并不总是违反人民的一般利益的),也在专制主义的国家里(或者因为公众繁荣的利益往往与专制君主的利益混淆在一起,或者因为专制君主自身在寻求摧毁贵族的或教会的权力的残余时,便在法律之中造成了一种平等的精神,其动机是要确立奴隶制的平等,而其效果倒往往是令人欣慰的)。

我们将要详细地阐述在欧洲产生了那种专制主义的原因,那是以前的世纪里或世界上的其他地方都不曾有过前例的;在那里几乎是为所欲为的权威却受着舆论的约束、受到知识的调节、受到其自身利益的缓冲,这往往有助于财富、工业和教育的进步,甚至有时候有助于公民自由的进步。

由于曾经支持过暴政的各种偏见的削弱,由于商业和工业的精神(它是使得财富销声匿迹的种种暴力和动荡的敌人)的影响,由于前一个时代的野蛮行为所激起的历历在目的恐怖景象,由于各种哲学观念更加普遍的传播,最后还由于知识的普遍进步之缓慢而确凿的作用,风尚已经变得温和了。

宗教的不宽容仍在持续着,但只是作为人类审慎的一种创造物、作为对人民偏见的一种敬意或者是对抗他们的激动的一种防范。它已经丧失了它的种种暴戾,火刑架已经很少点燃了,而是被另一种往往是更加随心所欲的但不那么野蛮的压迫所取代;晚近以来,人们实行的迫害是越来越少了,而且在某种意义上那只是出于习惯或出于阿谀奉承。在各种问题上,政府的做法到处都是在追随着舆论的进程乃至于哲学的进程,但却是缓慢的而且是令人遗憾的。

事实上,假如说在道德科学和政治科学中,在哲学家们所已达到的知识高度和培养自己精神的人们所达到的中等水平这两者之间,无时无刻不存在着一个很大差距的话,而它们共同的学说就形成了那种通常被人所采纳而称之为舆论的信仰的话,那么那些指导着公共事务的人、那些直接影响着人民命运的人,不管他们的体制是哪种,都远远未能把自己提高到那种舆论的水平上;他们跟随着舆论,但未能赶上舆论,更远未能超过舆论;他们总是发现自己落在舆论以及许多年代和许多真理的后面。

这样,对哲学以及对知识传播的进步的这一史表——我们已经阐明了它那最普遍的和最易于察觉的作用——就把我们引到了一个时代;这时,这些进步对舆论的影响、舆论对各民族的或对他们领袖们的影响,突然之间就不再是缓慢的和不可察觉的了,而是在某些民族的整体之中就产生了一场革命,这就确凿地保证了会有一场席卷全人类整体的革命。

在长期的错误之后,在被各种不完备的或模糊的理论引入歧途之后，政论家们终于认识到了真正的人权，它们都可以从这条唯一的真理之中推论出来，即人是一种明智的生物，是能够进行推理和获得道德观念的。

他们看到了，要维护这些权利乃是人们结合成政治社会的唯一目标，而社会的艺术便是要保证他们能以最完整的平等并在最广泛的领域内保全这些权利的艺术。人们感到要确保每个人的权利的办法，便是在每个社会里都要服从共同的规则，而选择这些办法、决定这些规则之权就只能属于这同一个社会的成员的大多数；因为每个个人在这类选择中既然不可能在不使他人屈从的情况下追随自己的理性，所以大多数人的意愿就成了可以被所有的人所采纳而又不损害平等这条真理的唯一特征了。

每一个人确实事先都可以使自己受到这种大多数人的意愿的约束，这时那种意愿就成了一致同意的意愿；但是他只能使自己一个人受到约束；即使是对于这一大多数，他也只能是当其绝不会损害每个个人的权利（在它们得到承认之后）时，才能订立契约。

这既是大多数人对于社会及其成员的权利，同时也是对于这些权利的限制。这便是那种一致同意的根源，它使得唯有大多数人所采取的决定对所有的人才成其为契约；当由于这些个人有了改变，那种一致同意的裁决其本身已经中止存在时，这种义务就不再是合法的了。毫无疑问，对有些事物，大多数人所宣布的往往或许是更有利于错误的，并且是违反所有人的共同利益的；但是仍然要由大多数人来决定，什么才是根本不应该直接由他们自己来决定的事物；正是要由大多数来决定哪些人才是所有的人可以信赖代替他们的理性的，并且也要由大多数来规定他们要更准确地达到真理所应该遵循的方法；他们也不能放弃进行宣告他们自己的决定并不会损害人人所共有的权利的那种权威。

于是,在如此之简单的这些原则之前,人们便看到一族人民和他们的行政长官之间有着一项契约——它只能是由一项相互的同意或者由一方的背信而告作废——的那些观念就告消失了;还有那种虽不那么奴役人但并非就不那么荒谬的见解,即一族人民一旦确立了宪法形式,就要受它的束缚,就仿佛改变宪法的权利并不是其他一切权利的首要保证;就仿佛人类的各种体制——它们必然是有缺陷的,并且是随着人类的启蒙而得到新的完善化的——可以注定了是处于一种永恒的幼稚阶段。于是,人们便看到自己不得不放弃那种奸诈而虚伪的政策,那种政策忘记了人人根据自己的天性本身就有平等的权利,而是时而根据领土的大小、天气的温度、民族的特性、人民的富裕、商业和工业的完善程度来衡量所应该留给他们的权利的范围;并且时而又在人们的各个不同阶级之间,按照他们的出身、财富和职业来不平等地划分同样的这些权利;从而便创造出了相反的利益、相对立的权力,为的是随后在他们之间好确立一种唯有这些体制才能使之成为必要的平衡,而且哪怕是这样也无法纠正各种危险的影响。

于是,人们就不再敢把人分成不同的两种,其中一种是注定了要来统治的,另一种则是注定了要服从的;一种是来骗人的,另一种则是受骗的;他们不得不承认,所有的人都有平等的权利来了解自己的全部利益、来认识全部的真理;而且他们为自己所确立的任何一种权力,都不得有权向他们自己隐瞒任何的真理。

这些原则是那位大节慷慨的悉尼[1]曾付出过自己的鲜血而洛克则把自己名字的权威加之于其上的,后来又经卢梭以更大的精确性、广

---

[1] 悉尼(Philip Sidney,1554—1586),英国政治家兼作家。——译注

度和力量加以发展;卢梭配得上把它们置于永远不会再被人遗忘也不会再受到反驳的那些真理之中的那份光荣。

人有着各种需求,并有着可以满足它们的那些才能;从那些才能以及从它们经过不同加工与分配的产品之中,就得出了目的在于供应各种共同需求的大量财富。但是,据以形成和分配、保存和消费、增殖和消耗那些财富的规律又都是些什么呢?倾向于在需求与供给之间不断地确立平衡,并且因此当财富增长时便产生了更大的能力可以满足需求,随之是更多的福祉,直到财富达到了它增长的极限为止;以及反之,当财富减少时,就会产生更多的艰难,因而就有更多的困苦,直到人口的减少和贫困又恢复到原来的水平为止——那种平衡的规律又是什么呢?在劳动与生产、需求与供给的这种惊人的变异之中,在把一个孤立的个人的生存和福祉与整个社会体系联系起来的各种利益的那种可怕的复杂性之中——那使得他要依赖自然界的全部偶然性,依赖全部的政治事件,那把他体验欢乐或困苦的能力,在某种程度上,扩展到整个的大地;在这种外表的混乱之下,我们又怎么能够通过道德世界的一条普遍规律,看到每个个人为着自身而努力会有助于全体的福祉,而且尽管有着各种相反的利益的外部冲突,但共同的利益却迫使每一个人都懂得去理解自己的本分并能够毫无障碍地去服从它呢?

因此,人就应该以一种完整的自由来运用自己的才能,支配自己的财富,满足自己的需求。每个社会的普遍利益,都远不是命令他们要限制这些活动,反而是要防止那样做;而且在这一部分公共秩序中,精心保障每个人所得之于自然的权利同时也就是唯一有用的政治,是社会力量的唯一责任,并且是公意(volonté générale)所能合法地对个人行使的唯一权利。

但是这一原则一旦被认可之后,还有待于公共权力来行使各种责任;它应该依法建立公认的度量,用以在各种交易中确认所交换的物品的重量、体积、宽度和长度。

它应该创立一种共同的价值尺度,那能够代表各种各样的价值,那能够便于计算它们的各种变化和它们的比值,从而在有了其自身的价值之后,就可以用来交换已经接受了一项价值尺度的所有各种物品;没有这一手段,商业就只限于直接交换,并只能获得很少的活动和领域。

每一年的再生产都提供可以处理的一部分,因为它并不是为了要偿付它那再生产乃是其成果的那种劳动,也并不是为了要偿付那种可以保证同等的或者更富余的新的再生产的劳动。可处理的这一部分的占有者,根本就不要自己直接去劳动;他之占有它,与他可能运用自己的才能来满足自己的需要无关。因此,正是由于有了这部分每年都可处理的财富,社会的权力便可以不损害任何的权利而建立为国家的安全、国内的太平、对个人权利的保证、为了订立和执行法律而设立的权威的运作,以及为维持公共的繁荣所必需的基金。

有一些对整个社会有用的工作、机构和体制是应该加以建立、指导或监督的,它们补充了个人意志以及个体利益的汇合所不能直接做到的事——无论是对于农业、工业和商业的进步而言,还是对于预防和减轻不可避免的自然灾害,或者再加上未能预见的偶然事故而言。

直迄我们所谈到的这个时代为止,乃至于很久之后,这种种不同的事物都被委之于偶然,委之于政府的贪婪,委之于江湖骗子的把戏,委之于一切有权有势的阶级的偏见或利益;但是笛卡儿有一个弟子,即那位有名的而又不幸的威特[1],却感到了政治经济学也应该像所有其他科学一样服从哲学的原则并服从计算的精确性。

---

[1] 威特(Jean de Witt,1625—1672),荷兰政治家。——译注

直迄乌特勒支和约[1]许诺给欧洲一场持久的安宁为止，政治经济学并没有什么进步。但到了那个时候，我们就看到人类的精神对那种一直为人所忽略的研究有了一种几乎是普遍性的取向，而这门新科学就被斯图亚特[2]、斯密[3]，尤其是被法国的经济学家们，至少就其原则的精确性与纯洁性而言，推到了在如此漫长的冷淡期间人们所不可能希望如此迅速地就达到的一种程度。

但是在政治学中和在政治经济学中的这些进步，主要的原因乃是一般哲学的或形而上学——就这一名词的最广泛的意义而言——的进步。

笛卡儿已经使哲学重新与理性的领域相结合，他已经察觉到哲学应该完全从只要对我们精神作用进行观察便会向我们显示出来的那些明显的基本真理之中得出。然而他那缺乏耐心的想象力，不久就将他抛离了他所追踪的那条途径；而哲学之在某个时候似乎是重新获得了自己的独立，却只不过是要误入新的歧途而已。

最后，洛克把握住了那条应该引导着哲学的线索；他指出了对观念的严谨的、精确的分析，可以连续地在它们的起源上把它们归结为各种更直接的观念，或者是在它们的构成上把它们归结为各种更简单的观念；这是使得我们自己不至于迷失在偶然性杂乱无章地提供给我们，而且被我们不假思索加以接受的那些不完整的、不连贯的、不确定的种种概念的混乱之中的唯一办法。

---

[1] 乌特勒支和约（Paix d'Utrecht），1713年法国、西班牙、英国和荷兰在荷兰的乌特勒支签订和约，结束了西班牙王位继承战争。——译注
[2] 斯图亚特（Steuart, Sir James Denham, 1712—1780）为 Dugald Steuart（1753—1828）之父，父子均为苏格兰心理学家、经济学家。——译注
[3] 即亚当·斯密（Adam Smith, 1723—1790），英国经济学家。——译注

他又以同样的分析证明了,所有的概念都是我们的理解力作用于我们所接受的各种感觉之上的结果,或者更确切地说,它们都是记忆在同一个时间向我们所呈现的各种感觉的组合,但却以一种捕捉住了我们注意的方式而使我们的知觉只限定在每种这类组合而成的感觉的一部分。

他使我们看到,我们在加以分析和限定之后,再把一个字加之于各个观念之上,于是我们便会使自己经常用那同一个字去称呼它;也就是说,它总是由同样的这些更简单的观念形成的,总是被包含在同样的限度之内,因此之故就可以在一连串的推理过程中运用它而又绝不会冒犯错误的危险。

反之,假如使用的字根本就不符合一种明确规定的观念,那么它们就可能连续不断地在同一个精神中唤起各种不同的观念;而这就是我们犯错误的最大的根源。

最后,洛克还敢于率先为人类的理解力规定界限,或者不如说,确定人类理解力所可能认识的真理的性质,它所可能把握的对象的性质。

这种方法很快地就成为一切哲学家的方法;并且正是由于把它应用到道德学、政治学和公共经济学上来,他们才得以在这些科学中走上一条几乎和各种自然科学同样确凿的大道,才得以除了已被证明的真理外就不再承认任何东西,才得以把这些真理和一切可能仍然是可疑和不确定的东西区别开来,才得以终于学会了忽略掉一切仍然是或者将永远是不可能认识的东西。

[这样,对我们感觉的分析就使得我们在体验欢乐与痛苦的能力的发展过程中,发现了我们道德观念的根源、普遍真理的基础,它们是由这些观念产生的并在决定着有关正义与不正义的那些必然的、不变的法则,最后还在决定着由我们的感性的本性、由我们在某种意义上可

以称之为我们的道德构成的那种东西而来的并使我们的行为得以与那些法则相吻合的那类动机。]

这一方法本身,在某种意义上就成了一种普遍的工具;人们就学会了使用它来完善物理科学的方法,来阐明它的原理,来评价它的证明;人们把它引申来检验种种事实,引申为各种情趣的准则。

于是,这种应用于人类理解力的一切对象的形而上学,就分析了精神在每一种认识中的历程,并使人认识到形成它那体系的各种真理的性质、我们从中可能获得的那种确凿性的性质;而正是哲学中的最后一步,在某些意义上就在人类和他们幼稚状态的古老错误之间设置了一道永恒的障碍;这道障碍会永远防止他们由于新的偏见而回到古代的愚昧中去,正如它会保证驱除我们所保留的那些或许尚未全被认识到的愚昧,以及虽可能取代这些愚昧却还有着一种微弱的影响和一种过眼烟云般的存在的那些错误。

然而在德国,有一位学识渊博的天才[1]却奠定了一种新学说的基础。他那热烈的、大胆的想象力,不安于一种平庸的哲学,对于人类灵魂的精神性与永恒性、对于人的自由或上帝的自由、对于在一个被全能的智慧——他的聪明、正义和善良是应该排斥罪恶和悲伤的——所统治的宇宙中却存在悲伤和罪恶这些重大的问题,仍然保持着怀疑。他解开了聪明的分析所不能解开的死结。他以本性上是简单的、不可毁灭的和平等的存在体(être)构造出宇宙。这些存在体的每一个与其他与之共同构成了宇宙体系的每一个的关系,便决定它那些使自己与所有其他存在物不同的性质;人的灵魂与一块石头终极的最后原子,都同等地是这些单子(monade)之一。它们的不同,只是由于它们在宇宙

---

[1] 指莱布尼茨(Leibniz,1646—1716)。——译注

秩序中所占据的地位不同。

在这些存在体的所有可能的组合之中,一个无限的智慧只能偏爱其中的一种,而且只能是偏爱其中唯一的一种,即一切之中最完美的那一种。假如目前存在的那种组合,以其不幸和罪行的景象而刺伤了我们的话,那是因为所有其他的组合还会呈现出更为悲伤的结果来。

我们将要阐释这个体系,当它被莱布尼茨的同胞们所采纳或至少是所支持之后,就在他们中间延迟了哲学的进步。我们看到英国哲学家们有一整个学派热情地拥抱了并雄辩地保卫了乐观主义的学说,但不如莱布尼茨那么巧妙而又那么深刻;莱布尼茨主要把它奠定在这一点上,即有一个全能的智慧,它由于其本性的必然,就只能选择各种可能的宇宙之中最美好的那一种;而英国的哲学家们则在观察我们的宇宙之际极力要追求我们宇宙之优越性的证明;而且它既然始终停留于一种抽象的普遍性,而丧失了那种体系所保留的全部优点,他们也就往往更加陷入种种颠倒混乱或滑稽可笑的细节里去。

这时在苏格兰却另有些哲学家(Écossais[philosophes]),他们根本就发现不了:对我们真实能力的发展的分析会得出来一种原则,它能够赋予我们行为的道德性以一种充分纯洁、充分坚固的基础;他们想象着能赋予人类灵魂以一种新的能力而与感觉的能力和推理的能力截然不同;但是他们所加给那上面的,只不过是他们证明了那种新的能力的存在,若是没有它,他们就无法满足。我们将要写下这些见解的历史,并且我们将要表明,假如说这些见解曾经妨碍了哲学的进程的话,那么它们对于哲学观念更加迅速的传播却曾经是何等有益。

我们迄今只是表明了哲学在受过哲学的教养、深化和完善化的人们中间的进步;下面有待于我们来看清楚它对一般见解的作用都是什么,以及当理性终于上升到认识了发现真理、识别真理的可靠方法时,理性又是怎样学会了保护它自己免于因尊重权威和想象力而经常导致的那些错误；它同时也就摧毁了各个人的总体之中曾经如此之悠久地伤害和腐蚀了全人类的种种偏见。

人们终于有可能大声宣布那种长久以来都未能被人很好认识的权利，亦即要使所有的意见都服从于我们自身所固有的理性，也就是说，要运用我们被赋予的可以认识真理的唯一工具来掌握真理。每个人都带着一种骄傲的心情领会到，自然界并没有绝对注定他必须相信别人的话；于是迷信古代、在超自然的信仰狂热面前贬斥理性，就从社会中（也像从哲学中那样）消失了。

在欧洲，不久就形成了这样一类人，他们关心传播真理更有甚于发现和钻研真理；他们专心致志于探索隐避所、教士、学派、政府和古老的团体在各个角落里所积聚和包庇的种种偏见，他们把自己的光荣放在破除流俗的错误上，更有甚于放在开拓人类认识的疆界上；这是一种推动人类认识进步的间接方式，它那危险并不更少，它那用处也并不更小。

在英国有柯林斯和博林布鲁克[1]，在法国有培尔、丰特内尔[2]、伏尔泰、孟德斯鸠和由这些名人所形成的各个学派，他们都在为了拥护真理而战斗，他们逐一地运用了学术、哲理、精神和文采所可能向理性提供的全部武器；他们采取了各种语调，运用了各种形式，从戏谑到悲怆、从编纂最博学的巨帙到小说或日常的小册子；他们布置下一张使人

---

[1] 柯林斯（John Anthony Collins, 1676—1729），英国哲学家、理神论者；博林布鲁克（Henry Saint John Bolinbroke, 1678—1751），英国政治家、作家、自然神论者。——译注
[2] 培尔（Pierre Bayle, 1647—1706），法国作家、自由思想家；丰特内尔（Bernard Fontenelle, 1657—1757），法国思想家。——译注

们的目力变得非常之微弱的幕幔来遮蔽真理，而留给人们猜测真理的乐趣；他们巧妙地安抚偏见，以便更确凿地予以迎头痛击；他们几乎从不进行威胁，既不同时针对着许多人，甚至也并不完全针对着某一个人；他们有时候宽慰理性的敌人，仿佛只不过是想要求宗教上的半宽容和政治上的半自由而已；当他们对宗教的荒谬开战时，他们就迁就专制主义，而当他们投身于反对暴政时，他们就迁就宗教崇拜；他们是从原则上攻击这两种祸患的，哪怕他们看起来仿佛只不过是要针对那些颠倒黑白的或荒谬绝伦的滥用权力；他们砍伐那些不吉利的大树的根本，但他们看来却好像是只限于要剪掉某些杂生的枝叶；他们有时候教导自由之友说，迷信是以一块穿刺不透的盾牌在掩护着专制主义的，所以是应该处死的首要牺牲品，是应该打碎的首要枷锁；有时候他们又相反地向专制君主们谴责迷信，说它们才是他们的权力的真正敌人，并以它们那些阴谋诡计和血腥的恐怖来恐吓专制君主们；但是他们从不休止地在要求作为人类的权利与解放的理性独立和写作自由；他们以永不疲倦的精力投身于反抗宗教狂热与暴政的种种罪行；他们在宗教中、政府中、风尚中和法律中追踪着一切带有压迫、残忍和野蛮的特征的东西；他们以自然界的名义告诫国王们、战士们、官吏们和教士们要尊重人血；他们还极为严厉地谴责这些人在战斗中或在酷刑中滥用政策或冷酷无情；最后，他们采用了理性、宽容、人道作为战斗口号。

这便是这种新的哲学，它代表着公众对为数众多的、只是靠偏见而存在、只是靠错误而生活、只是靠盲从而有力量的那些阶级的仇恨；这种新哲学几乎到处都受到欢迎，但也遭到迫害，有许多国王、教士、显贵、官吏都是它的信徒或它的敌人。它的领袖们虽然暴露在敌意面前，却几乎总有办法逃脱报复；他们虽然充分表现出了他们的光荣而毫无损失，却也在躲避着迫害。

政府往往是一只手奖励他们,另一只手又犒赏他们的诽谤者;一方面禁止他们,而另一方面又为命运使得他们出生在它的国土上而感到荣耀;一方面为了他们的见解而惩处他们,而另一方面又因被人怀疑没有分享他们的见解而感到羞辱。

这些见解于是很快地就成为所有启蒙了的人们的见解,有些人是直认不讳的,另有些人则以一种多少是透明的虚伪在矫饰着,这要视他们性格怯懦的程度而定;而且他们还要屈从于他们的主张与他们的虚荣心这两种相反的利益。但是他们虚荣心的那种利益,却已经强而有力得足以使人们不再要以往时代的那种深刻的伪装,就可以满足于以一种审慎的保留态度来对待自己并且往往也这样对待别人。

我们将要追踪这种哲学在欧洲各个不同部分的进步,在那里政府的和教士们的异端裁判所并不能阻止几乎已成为普遍语言的法语迅速地在传播它。我们将要表明:政治和迷信是以怎样巧妙的手法在运用人类的认识所能提供的一切动机来向理性挑衅和运用一切论证来表明理性的局限和弱点,以及人们怎样甚至于会用怀疑主义[1]来为盲从服务的。

那种如此简单的体系,就把对工商业的最确凿的鼓励置于无限的享受自由之中,它使人民解脱了以那么多的不平等所分派的、以那么大的代价并且往往是以那么多的野蛮手段所征收的那些捐税之毁灭性的灾难和屈辱性的羁轭,而代之以一种公正的、平等的而且几乎是无从察觉的捐献;这种理论把国家的真正富强与个人的福祉和对个人权利的尊重联系在一起;它以公共福利的纽带把社会自然而然分成的各个不

---

[1] 此处怀疑主义原文为皮浪主义(pyrrhonisme),皮浪为古希腊怀疑主义创始人。——译注

同阶级结合在一起;这些思想以人类的博爱而令人感到那么慰藉,而任何的民族利益都不会再来打搅它那甜美的和谐,这些原则以其慷慨大度并以其简单性和广泛性而引人入胜,它们被法国的经济学家们热心地加以传播。他们的成功,不像是哲学家们的成功那么迅猛而又普遍;他们所要打击的偏见并不那么粗糙,所要打击的错误也更加巧妙。他们在使人觉悟以前,必须先进行启蒙,在加以判断之前,必须先教给人以常识。

但是如果说他们只能做到使少数的追随者接受他们全部的学说,如果说人们对他们准则的普遍性、对他们原则的坚实性感到恐惧,如果说他们由于使用一种暧昧的和教条的语言而损害了他们自身事业的善意,他们为了贸易自由的利益而似乎过分忘记了政治自由的利益,他们以一种过于绝对和过于行政命令的方式提出了他们体系中某些他们所不曾充分深入探讨的部分;那么他们至少做到了使那种卑儒的、狡诈的而又腐化的政治之可憎与可鄙真相大白,那种政治把一个国家的繁荣建立在它的邻国的贫困之上,建立在一种禁令重重的政权的狭隘视野之内,建立在一种暴政式的财政体制的繁复组合之中。

然而被天才所丰富了的这些哲学的、政治学的和公共经济学的新真理,多少是已经广泛地为启蒙了的人士所采纳之后,就把它们有益的影响带到了更遥远的地方。

印刷术已经在那么多的地方传布开来,它已经那样成倍地增多了书籍;人们学会了把它们那么美好地分配给各种不同程度的知识、实际应用乃至于财产;人们非常熟练地使它们投合各种趣味、各种各样的精神;它们提供了一种如此之简易,甚至于如此之惬意的教育;它们已经向真理打开了那么多的门户,以至于再要把它们全部封锁起来,已经变得几乎是不可能的了,以至于再没有一个阶级、一种行业是可以防止他们获得真理的。因此，尽管总是仍有很大数量的人沦于自愿的或被迫的愚昧无知状态，但是划分人类中间粗野不文的那部分人和启蒙了的那部分人的那条界线，却几乎是全然泯灭了，在区分天才与愚蠢这两极的空间中填满了一连串不可察觉的级差。

于是，对人的自然权利的普遍认识；这些权利乃是不可转让的和不受时效约束的这一见解本身；一种强烈声明的愿望，要拥护思想与写作自由，要拥护工业与商业自由，要拥护缓解人民的负担，要拥护废除针对宗教上持不同意见者的一切刑法，要拥护废除肉刑和野蛮的拷打；要求一种更温和的刑事立法，一种给予无辜者以完整的安全保证的司法制度，一种更简单的、更符合理性的与自然的民法法典；不过问宗教（宗教最后已被列入迷信或政治发明之列）；对宗教虚伪与狂热的敌视，对偏见的鄙视，对传播知识的热忱——所有这些原则都一点一点地从哲学家的著作里进入社会的各个阶级，在他们那里教育已经远远超出了教义问答和简单的读写而变成了公共事业，这便是所有那些既不是马基雅维利主义者也不是笨伯的人们的象征。在某些国度，这些原则形成了一种十分普遍的公共舆论，足以使人民群众自身看起来都准备着要接受它的指导并且服从它。人道的情操，也就是说，那种对伤害了人类的一切灾祸有着一种温良的、主动的同情的情操，那种对公共体制之中、政府行动之中、私人行为之中在自然界的种种不可避免的苦痛之上又增加了新的苦痛的一切东西感到恐惧的情操，这种人道的情操乃是这些原则之一项自然而然的后果；它弥散在所有的著作、所有的言论之中，而它那可庆幸的影响就已经表现在法律中，甚至于在屈服于专制主义之下的那些民族的公共体制之中。

不同国家的哲学家们在他们的思考之中，都包含有整个人道的利益，不分国度、种族或教派，他们尽管思辨的见解不同，却形成了一支坚强联合一致的大军,在反对一切错误,在反对一切种类的暴政。他们被一种普遍慈爱的情操所激发,在向不正义进行战争,即使那是在他们的本国之外而并不涉及他们;他们向不正义进行战斗,哪怕对其他民族负有罪责的就正是他们自己的祖国;他们在欧洲挺身而出,反对浸透到美洲、非洲或亚洲沿岸的那些贪婪的罪行。英国和法国的哲学家们以履行了做这些黑人的朋友的义务为荣,即要尽到做这些黑人的朋友的义务,而这些黑人却是他们那些冥顽的暴君所不屑于算作人类之数的。法国作家的称誉成了对俄罗斯和瑞典所颁布的宽容的奖励,而贝卡里亚[1]则在意大利驳斥了法国司法制度的野蛮准则。

在法国,人们设法在医治英国的商业偏见以及英国对自己的宪法和法律的各种弊端的迷信式的尊敬,而那位可敬的霍华德[2]则抨击法国人在他们的监狱里和医院里的那种野蛮行径毫不介意地就弄死了那么多人。

政府的暴力或引诱、教士的不宽容、民族偏见的本身,都已丧失了其扼杀真理的声音的那种致命的权力;而且没有任何东西能够使理性的敌人或压迫自由的人可以逃避一种马上就会变成整个欧洲判断的判断。

最后,我们还看到发展起来了一种新学说,它要向各种偏见的那座摇摇欲坠的大厦发动最后的一次打击:那就是有关人类的无限可完善性的学说,杜尔哥、普莱士和普里斯特利[3]便是这一学说的最早的和

---

[1] 贝卡里亚(Cesare de Beccaria,1738—1794),意大利法学家与经济学家。——译注

[2] 霍华德(John Howard,1726—1790),英国慈善事业家,曾提出改善犯人及疯人境遇的方案。——译注

[3] 杜尔哥(A.R.J.Turgot,1727—1781),法国经济学家;普莱士(Richard Price,1723—1791),英国伦理学家;普里斯特利(Joseph Priestley,1733—1804),英国化学家。——译注

最卓越的使徒,这种学说属于第十个时代,我们到时候再广泛地展开。但是我们在这里必须阐明一种伪哲学的起源和进展;依靠上面那种学说的支持来反对这种伪哲学,对于理性的胜利乃是十分必要的。

有些人生来是傲慢的,另有些人生来是唯利是图的,他们的秘密目标都是要延续愚昧无知和延长错误的统治;我们看到他们有很多的党羽,有时候是以令人眼花缭乱的悖论来败坏理性,或是以绝对的怀疑主义那种方便不过的怠惰来诱惑理性,有时候是十足地鄙视人类,乃至于宣称知识的进步对于人类的幸福以及人类的自由都是无益的或危险的,最后有时候还以一种对想象中的伟大或机智的虚假热情来迷惑人,那使得德行竟可以不要启蒙并使常识不靠真正知识的支持;他们对一个有局限的人以高不可攀的理论——那远远超越了被需要所包围着而又屈服于日常种种艰辛之下的义务——谈论着深奥的哲学和科学;在别处,他们又在鄙薄哲学和科学是一堆无从确定的、夸大其词的思辨废话,应该在国务活动家的事务经验和机智面前销声匿迹。就在知识的进步中间,我们听到他们不停地在抱怨知识的衰落,随着人们重新想到了自己的权利并运用自己的理性之际,他们却在叹息着人类的堕落;他们甚至声称未来的时代是一个摆动的时代,它应该恢复到野蛮、愚昧和奴役,而这个时刻却正是一切都结合起来证明着人类无须再怀疑它们什么之际。他们仿佛是受到了人类完善化的屈辱,因为他们根本就没有分享过曾经对它做出过贡献的那份光荣;不然便是被人类的进步给吓坏了,因为那向他们宣告了他们的重要地位和他们的权力的灭亡。[可是比那种以笨拙的手法极力在支撑其基础早已被哲学所摧毁了的古代迷信的大厦的人们更加投机取巧的某些江湖骗子,却试图要利用那些废墟来建立起一种宗教体系,其中只要求已经重建了自己权利的理性做到半服从,而在它自己的信仰上却几乎仍然是自由的,只要它同意相信某种不可理解的东西;同时又有人力图以秘密结社来复活已经被遗忘了的古代巫术的神秘,他们在把人民留置于他们古老的错误之中时,又以新的迷信束缚他们的信徒,他们居然希望为了某些徒众的好处而重建古代印度和埃及的国王—大祭司的那种暴政。但是哲学依靠着科学为它自己准备好了的不可动摇的基础,面对着他们竖起了一道屏障,他们那些无能的努力很快地就在它的面前破碎了。]

以我上面已经勾画出其纲要的那种精神倾向来比较一下各个政府的政治体系,我们就可以很容易预见到,一场伟大的革命乃是无可置疑的;而且也不难判断,它只能以两种方式来临:它必定或是由人民自己建立起哲学已经教会了他们要珍惜的那些理性的与自然的原则,或是由政府赶快预防它并根据舆论的进程来调整自己的进程。这两种革命中的前一种,会更完整而更果断,但却会有更多风暴;后一种则更缓慢、更不完全,但却更为平稳;在前者,人们是以暂时的灾祸为代价而取得自由与幸福的;在后者,人们则会避免这些灾祸,但或许要长期推迟享受到革命所无可置疑会产生的那些好处的一部分。

政府的腐化和愚昧是偏爱第一种方式的,而理性和自由的迅速胜利则为人类复了仇。

简单的常识教给了英国殖民地的居民:出生在大西洋另一边的英国人也从自然界接受了恰好与出生在格林尼治子午线之下的其他英国人同样的权利,而经度上的七十度之差[1]并不能改变这些权利。他们或许比欧洲人更好地懂得,什么是人类每个个人所共有的那些权利,而且其中包括不得到同意就不纳税的权利。但是英国政府却假装相

---

[1] 英国格林尼治为经度零度,北美东岸新英格兰处西经七十度至八十度之间。——译注

信,上帝创造了美洲,也像亚洲一样地只不过是为了伦敦居民的欢乐,而事实上则是想要在大洋的彼岸把一个臣服的国家掌握在自己手里,到时候可以用来镇压在欧洲的英国本土。英国政府勒令英国人民的那些驯服的代表破坏美国的权利,并强使美国缴纳并非自愿的捐税。美国便声称这种不正义破坏了他们之间的联系,并宣布独立。

这时我们便第一次看到一个伟大的民族摆脱了它那全部的枷锁,和平地赋予自身以它认为是最适宜于造就自己幸福的宪法和法律;而且既然它的地理位置和它那古老的政治形态要求它形成一个联邦共和国,我们便看到在它的体内同时准备了十三部共和制宪法,全都庄严地承认以人类的天然权利为基础,并且以保护这些权利为首要目标。我们将要追溯这些宪法的史表;我们将要表明它们有负于政治科学的进步的都是些什么,以及教育的偏见得以掺入其中的古老的错误又都是些什么:例如,何以权力制衡的体系仍然改变了它那单纯性;何以它们更加是以利益的一致而非以权利的平等为原则。我们将要证明,这一利益一致的原则,如果使之成为政治权利的准绳的话,会怎样不仅对那些无法完全行使它的人来说是对权利的破坏,而且恰恰在它成为一种真正不平等的那一刻,这种利益的一致就不再存在了。我们将要坚持这一点,因为这一错误乃是仍然会有危险性的唯一错误,因为它是真正启蒙了的人们还不曾从中觉醒过来的唯一错误。我们将要表明,美利坚共和国是怎样实现了这一当时在理论上几乎是全新的观念,即有必要依法确立并指导一种正规的与和平的方式来修改宪法本身,并区分开这种修改宪法的权力与制定法律的权力。

但是,在两个启蒙了的民族之间所进行的这场战争[1]中,一方是

---

[1] 指北美十三州与英国的战争,即美国独立战争。——译注

维护人类的天然权利,另一方则以一种不信奉人类天然权利的学说来反对他们,那种学说使人权屈服于命令、屈服于政治利益、屈服于成文的约定;这场伟大的事业就在整个欧洲面前诉之于舆论的法庭;人权在毫无限制地、毫无保留地从涅瓦河畔到瓜达基维尔河畔[1]所自由流传着的著作中被人高举着和宣扬着。这些讨论深入最受奴役的国土,深入最偏远的乡镇,而居住在那里的人们吃惊地了解到他们乃是享有权利的;他们学会了认识权利;他们懂得了别人也敢于恢复它们或者保卫它们。

于是,美国革命很快地便会蔓延到欧洲;而且假如存在着一个民族,那里对美国人的事业的兴趣比起其他地方要对他们那些著作和他们那些原则传播得更多,它同时既是启蒙程度最高的国度,又是最不自由的国度;在那里哲学家们有着最真实的知识,而政府则有着最蛮横而又最深厚的愚昧无知;这个民族的法律远远低于公众的精神,以至于任何的民族骄傲感、任何的偏见都无法使他们依附于他们古代的体制——这样的一个民族难道不是被事物的本性注定了要发起人道之友们满怀着无比的希望与焦灼在期待着的那场革命的最初行动吗?因而,它就应该是从法国开始。

它那政府的笨拙便促成了这场革命;哲学便指导了革命的原则,而人民的力量便摧毁了可能阻止这场运动的种种障碍。

法国革命要比美国革命更为完整,从而在国内也就更不平静,因为美国人满足于他们从英国所接收过来的民法和刑法,并没有一种邪恶的课税体系要改革,并没有封建的暴政、世袭的等级、有钱有势的特权

---

[1] 涅瓦河(Néva)在俄罗斯西北部,流入芬兰湾;瓜达基维尔河(Guadalquivir)在西班牙南部,流入大西洋。——译注

团体和宗教不宽容的体制要加以摧毁,他们只把自己限于建立新的权力,以之取代英国一直在向他们所行使的权力。这些新的创制之中,没有任何东西涉及人民群众,没有任何东西改变了个人之间所已经形成的种种关系。在法国,由于相反的原因,革命却要囊括社会的全部经济在内,要改变所有的社会关系,并且要深入政治链索的最后环节里去,要深入每一个个人;这些个人靠自己的财产或自己的勤劳在和平地生活着,他们无论根据自己的见解或自己的职业,或是根据对财富、对野心或对光荣的兴趣,都是不会参与公众的运动的。

美国人看来只是为了反抗母国暴政的偏见而作战,他们和与英国相竞争的列强结成同盟;而同时其他国家嫉妒英国的财富和英国的骄傲,也都秘密渴望着加速正义的胜利;因而,整个欧洲似乎都联合起来反对压迫者。相反地,法国人同时在攻击的,既是国王的专制主义,又是各种半自由的宪法的政治不平等,还有贵族们的骄横,教士们的统治、不宽容和财富,以及封建性的弊端,这些还都笼罩着几乎整个欧洲;于是欧洲列强就要偏袒暴政而与之联盟了。因此,法国所能看到挺身出来拥护她的,就只有某些智者的声音和被压迫的各族人民的羞答答的愿望,这种支持又是造谣诽谤所极力要剥夺于她的。

我们将要表明,法国的宪法和法律所据以结合的那些原则,何以要比指导美国人的那些原则更纯洁、更确切、更深刻;它们何以能更完全地避免了各种偏见的影响;权利的平等是怎样一点都没有被那种利益的一致性所取代,而利益的一致性只不过是对它一种脆弱而伪善的补充而已;人们是怎样以对权力的限制来取代了那种徒劳的但却如此长期为人所称道的权力平衡;在一个必然要分裂成许许多多孤立的和局部的团体的大国里,人们是怎样第一次敢于保存人民的主权权利,亦即仅仅服从那些法律——其制定的方式只有当其被委托给人民的代表时,才能由于他们的直接赞同而成为合法的——的权利;而如果它们损害了他们的权利和他们的利益的话,人民就总是可以通过自己主权意志的定期行动而加以改正。

自从笛卡儿的天才赋予了人类精神以那种普遍的推动力(它是人类命运的革命的第一原理)的时刻开始,下迄完整而纯粹的社会自由的幸福时代(那时人们只是在经过了一系列漫长世纪的奴役与不幸之后,才能重新获得自己天赋的独立)为止,数理科学的进步史表向我们提供了一片广阔无垠的视野;如果我们想要很好地把握其总体、很好地观察其关系,我们就必须安排并理顺其间的各个部分。

不仅是把代数学应用于几何学,成了这两门科学中各种新发现的一项丰富的资源;而且在以这一伟大的例子证明对量值的计算方法一般怎样可以扩大到所有以衡量广袤性为目标的问题上面时,笛卡儿预先就宣告了这些计算方法将会以同样的成功运用到其关系是可以精确加以衡量的一切对象上;这一伟大的发现就第一次指明了,科学的最终目标是要使一切真理都服从于计算的精确性,这种精确性给了人们以达到那里的希望,并使人们窥见了它的手段。

这一发现不久就继之以对一种新演算的发现[1],它教导人们去发现一个可变量连续增长或减小的比例,或者是根据对这一比例的知识来重新发现该数量本身——无论我们假设这类增长是一个有限量,抑或我们所寻求的只是当这类增长等于零的那一瞬间的比例——这一方法当扩大到所有的变量组合、所有的有关它们变化的假说时,就同等地导致我们确定一切可以精确衡量其变化的事物,无论是它们元素之间的比例,还是事物之间的比例(当我们仅只知道它们的元素的比例

---

[1] 即牛顿和莱布尼茨对微积分的发现。——译注

时,这要视我们对它们自身之间的比例的知识而定)。

我们有赖于牛顿和莱布尼茨的就是这些演算的发明,而其发现则是前一代的几何学家的劳动早已经准备好了的。它们一个多世纪以来从未中断的进步,乃是许多天才人物的创作,并且造就了他们的光荣。这些演算在凡是能观察到它们(哪怕并不追随它们)的哲学家的眼里,就呈现为人类理解力的一座动人的纪念碑。

在阐明代数学语言的构成与原理——它是目前仍然存在的唯一真正精确的、真正分析性的语言,以及这门科学的技术方法的性质,并以这种方法与人类理解的自然运算方法进行比较时,我们将要表明:如果说这种方法其本身只不过是对数量科学的一种特殊工具的话,那么它还包含有一种对一切观念组合都适用的普遍工具的原理。

理论力学,不久就成为一门博大精深的科学。笛卡儿曾经弄错了的物体碰撞的真正规律,终于被弄明白了。

惠更斯[1]发现了物体在圆运动中的规律,他同时还给出了测定任何一条曲线的每一成分都应该属于哪种圆的方法。牛顿结合这两种理论,就发现了曲线运动的理论;他把它们引用于开普勒曾据以发现行星运动的椭圆轨道的那些定律。

人们设想,一个行星是在一个给定的时刻以某种速度并沿着一定的方向被投入空间的,它环绕着太阳,凭借一种向着太阳的引力的作用并与距离的平方的倒数成比例,沿椭圆轨道运行。这同一个引力也把卫星保持在它们环绕着主要行星的轨道上。引力扩大到了整个的天体体系,它在构成天体体系的一切成分中都是在相互作用着的。

行星椭圆的规则性受到这种干扰,而微积分就精确地解释了这些

---

[1] 惠更斯(Christian Huyghens,1629—1695),荷兰物理学家。——译注

扰动的甚至最细微的差别。引力作用于彗星,这同一个理论也教导人们怎样确定彗星的轨道并预告彗星的回归。我们在地球和月球的旋转轴中所观察到的运动,也证实了这一普遍引力的存在。最后,它又是大地上物体重量的原因,重量在它们身上看来是永远不变的,因为我们无法从物体与作用中心的距离有足够不同的位置来观察它们。

于是,人们就终于第一次认识到了全宇宙的一条物理定律;而迄今为止它仍然是独一无二的,正如揭示出它来的那个人的光荣乃是独一无二的一样。〔1〕

一百年的辛勤工作已经证实了那条定律,一切天体现象看来都以一种可以说是奇迹般的准确性在服从它;当其中的某个现象仿佛是在规避它时,那种暂时的不确定性很快就成为另一项新的胜利的题材。

哲学几乎总是被迫要在一个天才人物的工作中寻求引导着他的那条秘密的线索;然而在这里,被敬慕所激起的兴趣却使人发现并保存了某些珍贵的故事〔2〕,它们使人可以一步步地追踪牛顿的进程。它们有助于向我们表明,偶然性的幸运组合是怎样能与天才的努力相汇合而得出伟大的发现,以及较为不利的组合又是怎样地能推迟它们或者把它们留待旁人之手。

但是或许牛顿对人类精神的进步所做的事,要比发现了自然界的那条普遍定律还要多;他教给了人们在物理学中要只承认那些精确计算的理论,它们不仅说明了一种现象的存在,而且还说明了它的数值、

---

〔1〕 按此处系指牛顿及其所发现的万有引力定律。下文中"一个天才人物"亦指牛顿。——译注

〔2〕 其中最著名的一个故事是说,牛顿看到苹果落地而发现了万有引力定律;这个故事是伏尔泰的杜撰,于史无稽。——译注

它的范围。然而有人责难他复活了古代人的神秘宗派的性质,因为他使自己限于把天体现象的普遍原因包括在一项简单的事实之中,而人们对它的观察又证明了它那无可争辩的真实性。但这种责难本身就证明了,科学的方法是怎样地仍然需要由哲学来加以阐明。

当达朗贝尔[1]发现了一条普遍的原理,仅仅用它就足以确定被任意的外力所推动的,并且其间又被某些条件所联系着的任何数目的质点的运动;这时候一长串静力学和动力学的问题就相继被提了出来并被解决了。他很快就把这同一个原理引用到具有确定形态的有限物体上来,引用到那些弹性的或柔性的物体上来(这些物体可以改变它们的形态,但只能是按照某些一定的规律,并可以保持着它们各部分之间的某些一定的关系),最后还引用到流体本身上来(无论流体保持着同样的密度,还是处于一种膨胀的状态之中)。要解决后面的这类问题,就必须有一种新的算法,而这一点并未能逃避过他的天才,于是力学就只不过是一门纯粹计算的科学而已。

这些发现属于数学科学;但是无论万有引力定律的性质还是力学原理的性质,以及我们从中可能得出的有关宇宙的永恒秩序的结论,都是要诉诸哲学的。我们懂得了一切物体都要服从必然的规律,这些规律本身倾向于产生或者维持平衡,并在运动中造成或者保持着规则性。

对于主宰天体现象的那些规律的知识,导致更精确地计算它们出现的那种数学分析的发现;使用光学仪器,以及将它们刻度的精确度转化为观察的精确度的尺度的那类仪器之意想不到的完美程度;目的在于测量时间的那些机械的准确性;对科学的更普遍的兴趣与政府对于增加天文学家和观象家的兴趣相结合——所有这些原因合在一起就保

---

[1] 达朗贝尔(Jean le Rond D'Alembert,1717—1783),法国数学家、哲学家。——译注

证了天文学的进步。天穹以许多的新星丰富了人,而人则懂得了准确地测定并预见它们的位置和它们的运动。

物理学一点一点地摆脱了笛卡儿所引入的种种模棱的解说,正如它清除了经院哲学的种种荒诞一样;物理学现在只不过是以实验来诘问自然界的那种艺术而已,随后通过计算就可以努力从中推导出更普遍的事实来。

人们已经知道了并且测定了空气的重量;人们发现了光的传递并不是瞬时的,人们测定了光的速度,人们计算出了天体表现位置所应产生的效应;太阳光线已被分解成折射度不同的、色彩各异的、更简单的光线。彩虹已经得到了解释,产生它那各种颜色或使之消减的办法都可以计算出来。电已经被人认识到只不过是由于某些物质受到摩擦后,可以吸引很轻的物体的那种性质而已,它现在成为宇宙中的一种普遍现象。打雷的原因已不再是一桩秘密了,富兰克林[1]向人们揭示了避免它以及按自己的意愿来驾驭它的办法。人们采用了新的仪器来测量大气重量的变化、空气湿度的变化和物体温度的变化。一门叫作气象学的新科学,教给了人们认识、有时候还预报大气的现象,它总有一天会使我们发现尚未为人认识的大气规律。

在表述这些发现的史表中,我们将要表明:引导物理学家们进行研究的方法是怎样得到了纯洁化和完善化的,进行实验和制造仪器的技术是怎样连接不断地获得了更大的准确性的,从而不仅是物理学每天都以新的真理在丰富自己,已经被证明了的真理也获得了更大的确切性;不仅是有大量未知的事实已经被人观察到和分析过了,而且所有这

---

[1] 富兰克林(Benjamin Franklin,1706—1790),美国政治家、科学家,首先进行雷电试验并发明了避雷针。——译注

些都在它们的细节上得到了更严格的测定。

物理学所要加以反抗的,只是经院哲学的偏见和对于懒惰是如此之具有诱惑力的那些普遍假说的吸引。其他的障碍则延缓了化学的进步。人们曾想象过,化学应该能得出点金的秘密和使人长生不老的秘密。

巨大的利益使人变得迷信。人们并不相信能够安慰庸俗灵魂的这两种最强烈的感情[1](以及还能点燃对光荣的激情)的那类允诺,是可以由通常的办法来实现的;于是对狂想的轻信所曾创造出来的各种异想天开,就似乎都结合到化学家的头脑里面来了。

但是这些海市蜃楼都一点一点地让位给了笛卡儿的力学哲学,后者本身又被人抛弃并让位给了一种真正实验的化学。对与物体相互的合成与分解相伴随的各种现象的观察,对这些作用的规律的研究,把物质分析为越来越简单的元素,这些都获得了一种日益增长的精确性和严谨性。

但是对化学的这些进步,还应该补充以某些完善化,它们包括一门科学的完整体系,并且更多地包括扩展了它的方法而不是增多了形成它的总体的真理数量;它们预于并准备了一场很好的革命。这样就发现了采集可膨胀的流体并使之接受实验的新方法,而可膨胀的流体一直是规避着实验的。[这一发现使人触及整个一类新的存在物,并触及那些虽然已知却沦为一种在躲避着我们研究的状态之中的存在物,并且对于几乎所有的化合物都再增加了一种成分,它可以说是改变了化学的整个体系。这样就]形成一种语言,那里面指示着这些物质的名词表达了或是有着一种共同元素的那些物质的关系或差异,或是它

---

[1] 指人们对点金和长生不老这两者的感情。——译注

们所属的那个类别。这样就既是一种科学书写法的使用（在那里，这些物质是由经过分析而组合的文字来表现的，它甚至能表达最通常的那些操作，以及亲和力的普遍规律），也是所有各种手段、各种工具的运用（它们可以在物理学中以严格的精确性来计算各种实验的结果），并且还是对结晶现象的计算的应用以及对某些物体的元素相结合时影响到自己经常的和固定的形式所遵守的那些规律的计算的应用。人们长期以来在努力要很好地认识大地的构造形态之前，只懂得以迷信的和哲学的梦来表示它，现在人们终于感到有必要以严密的注意来研究大地表面上的，或是他们的需要使得他们要深入加以钻研的大地内部的那一部分，其中所发现的物质与它们的偶然的或有规则的分布，以及它们所由以构成的那些物质的分配。他们学会了从中识别海水的、地下水的和火的迟缓而漫长的作用的痕迹，学会了分辨大地的表层和外部的地壳，人们在其中所发现的物质的不平衡及其分布，以及往往还有物质本身乃是火的、地下水的、海水的与大部分是由不同物质所形成另外那些部分的大地的作品，它们带有更古老的天翻地覆的标记，而它们作用的原因我们至今还不知道。

矿物、植物和动物分为许多品种，其中个体的不同只在于一些不可察觉的、不大经常的变异，或者是由纯粹局部性的原因所造成的；这些品种之大多彼此相似，乃是由于有着或多或少的共同性质，它们有助于确定各种连续的而且越来越扩大的分类。博物学家学会了按照很容易掌握的、固定的特征，对这些个体进行系统的分类，这是在无数的不同存在物中间做出识别的唯一办法。这些方法乃是一种真正的语言，在这里每一个对象都以其更为固定不变的某些性质而被标出，并且靠着这种办法我们就认识到它们的这些性质并可以在日常的语言中重新找到代表着一个对象的名字。正是这些语言，如果构造得好，还会教给我们每一类自然存在物的真正本性是什么,它们的结合在它们其他的性质方面也带有一种多少是完整的类似性。

假如说有时候我们看到那种骄傲在人们的眼前扩大了这种唯一被研究的而且是历尽艰苦才能获得的知识对象,并对这些方法加上了一种夸大了的重要性,把在某种意义上只不过是科学的真正语言的字典和文法上的东西,当成了科学本身的话,那么一种虚假的哲学就往往又从一个相反的极端过分贬低了同样的这些方法,把它们与各种随心所欲的目录以及各种劳而无功的汇编混为一谈了。

对自然界的三大领域所提供的各种物质的化学分析,对它们外部形象的描述,对它们物理性质和对它们通常性质的阐释,动物或植物有机体的以及它们的营养和它们的繁殖的发展史,它们的组织细节,对它们各个不同部分的解剖以及其中的每一种功能,有关动物的习俗,它们获得食物、掩蔽所和住处以及它们捕捉猎物或对敌人掩蔽的辛劳历史,它们中间形成家族的或种族的社会,人们经历过无数的生命链索之后而导致的那许许多多的真理,从粗糙的物质导向程度较弱的有机组织,从有机物质导向能给出感觉和自发运动的最初迹象的物质,最后从它们直到人类的那些连续不断的环节的关系,所有这些存在物与人类的关系(无论是相对于他们的需要而言,还是就其使人与它们相趋近的那些类似性而言,或是就其使人与它们相分离的那些区别而言)——自然史今天所呈现给我们的那幅史表便是如此。

人体本身就是另一门科学的对象;解剖学在它通常的意义上就包括生理学在内,这门科学曾经由于迷信对死者的尊敬而停滞不前,又由于偏见的普遍减弱而受益,并且还幸而违反了要使自己与权势者们的支持相协调而保全自己的那种好处。它们的进步看来仿佛在某种程度上已经到尽头了,正在期待着更完善的工具和新的方法;它们几乎陷于只是在比较动物的各个部分与人体的各个部分之中、比较各个不同物种的共同器官在履行相似的功能的方式之中,在寻求着在今天看来是人们的直接观察所拒绝给予他们的那些真理。几乎凡是观察者的眼睛借助于显微镜所能发现的一切东西,都已经被揭示无遗了。解剖学看来有必要借助于对其他各种科学的进步都是如此之有用的各种实验,而它那对象的性质却使它远离了目前对它的完善化乃是十分必要的那种手段。

血液循环早就被人认识到了;然而,其目的在于输送乳糜与血液相混合来补充其中的损失的那些管道的分布,便于对食物进行必要的分解、便于分离出适宜于与体液和有机物质互相吸收的胃液的存在,在怀孕与分娩之间并且在那时以后一生的各个不同时期中,各个不同部分、各种不同器官所经历的变化,被赋予感觉性或是应激性(那是哈勒〔1〕所发现的性质,并且对几乎所有的有机物都是共同的)的那些部分之间的区别——这些都是那个辉煌的时代里生理学所发现的东西,并且还有某些观察上的依据;而且人们应该原谅对许多重要的生理学真理所做的机械学、化学和有机学的解释,这些科学曾一个接着一个强加生理学以各种对科学的进步来说乃是不幸的假说,而且当它们的应用被扩大到医学上时,它们还是危险的假说。

与这幅各门科学的史表相结合的,还应该有工艺的史表;工艺依靠科学,已经取得了更确实的进展,并且已经打碎了迄今为止由因袭常规所曾束缚了工艺的种种枷锁。

我们将要表明,力学的进步,天文学的、光学的和测时技术的进步,对于建造、驱动与导航的技术所起的影响。我们将要阐明,观象家人数

---

〔1〕 哈勒(Albrecht von Haller,1708—1777),瑞士医学家。——译注

的增多、航海家的更高的技巧、在天文学的方位测定与地形学的方法方面的更严格的精确性,曾怎样终于使人认识了直到上一个世纪(17世纪)之末几乎尚未为人所知的这个地球;严格说来的机械技术的完善化,曾怎样地有赖于制造工具、机械和工艺的技术的完善化,而这些完善化又是怎样有赖于理论力学以及物理学的进步;这些技术本身有赖于更不费力地、耗损更少地使用已知的驱动力或发明新的驱动力的科学,又都是些什么。

我们将要看到,建筑学从有关平衡的科学和流体的理论中吸取了赋予拱顶以更便利和更节约的形式的办法,而不必担心会改变这些结构的坚固性;以计算得更确切的阻力来对抗水的冲击的办法、引导水流的办法与以更大的技巧和成功在运河中利用水流的办法。

我们将要看到化学技术被新的作业流程所丰富,它纯洁化并简化了自古以来的方法,清除了因袭陈规而从种种无利的或有害的物质中、从种种无用的或不完备的操作中所引进的一切东西;同时,人们还发现了预防工人所面临的往往是可怕的种种危险的部分办法;他们从而获得了更多的享受、更多的财富,却不必再以那么多令人痛苦的牺牲和那么多的悔恨为其代价。

同时,化学、植物学、博物学都扩展了我们对经济作物,对培育满足我们不同需要的植物,对饲养、繁殖、保存家畜并完善它们的品种和改进它们的产品,以及对制作和保存大地的出产或动物所提供给我们的产品的丰富知识。

自解剖学和化学开始对外科学和药学提出更明了的和更确切可靠的指导的那一刻起,外科学和药学就变成了几乎是崭新的技术。

医学就其实践而论,应该被认为是一种技术,这时它至少是摆脱了它那些虚假的理论、它那迂腐的行话、它那害人的陈规、它那对老人的权威以及对有关各种官能的学说的奴颜婢膝式的屈从；它教导人们除了经验外不再相信别的。它增多了自己的方法，它懂得更好地组合它们和运用它们；而且如果说在某些方面，它那些进步在某种意义上是消极的，如果说它把自己只限于废除种种危险的疗法和有害的偏见，那么研究化学药物并与观察相结合的新方法就宣告了更加真实和更为广阔的进步。

我们尤其将要追踪科学天才的那种进程，它有时候从一种抽象的和深刻的理论进入种种聪明而精密的应用，它在简化了自己的手段之后，就把它们配备于各种需要，终于把它们的好处传播到最通俗的各种实践；它有时候又被同样这些实践的需要所促进，要在最高级的思辨之中去追求通常的知识会拒绝给予他们的那些力量。

我们将要使人看到，关于理论无用的说法，哪怕是就最简单的技术而言，也从来都只不过证明了说这些话的人的无知。我们将要表明，那么多不幸的应用之所以没有效用或者有负面的影响，绝不可归咎于这些理论的深奥，而是相反，必须归咎于它们的不完备。

这些观察就会引向这一普遍的真理，即在所有的技术中，理论的真理都必然要在实践之中加以修订；而且还存在着实际上不可避免的不准确性，它那效果是我们必须力求使之成为不可察觉的，但又并不沉溺于那种希望防止它们的幻想之中；有关需求、手段、时间、支出在理论中必然会被人所忽视的大量给定条件，当然也会进入有关当前现实的实践中来；最后在以真正属于实践的天才那种技巧引进这些给定条件时，我们就可以同时既克服反理论的偏见在威胁着我们要把技术束缚于其中的那些狭隘的限制，又能预防对于理论运用不当所可能引致的各种错误。

已经被划分开的各种科学，不互相接近、不在它们之间形成接触点,是不可能得到扩展的。

对每一种科学进步的阐述就足以表明,在许多种科学中直接应用微积分是多么地有用;在几乎所有的科学中,它又是怎样被用来为实验和观察提供更大的准确性;它们有赖于机械学的都是些什么(机械学给了它们以更完备的和更准确的工具);显微镜的发明和气象学仪器的发明,曾经怎样地有助于博物学的完善化;而这后一种科学有赖于化学的又是什么,只有化学才能把它导向一种对它所考察的对象更深刻的认识,才能向它揭示最隐蔽的自然界和最本质的不同,向它表明自然界的构成和成分;同时博物学则向化学提供了那么多要加以区分和采集的物品,那么多要进行的操作,那么多由自然界所形成的化合物,我们必须区分出其中真正的成分,而有时候是要发现甚至于要模拟那种秘密[1];最后还有,物理学和化学是怎样互相支援的,以及解剖学是怎样从博物学或从其他科学中接受它们的。

但是我们还只是阐述了我们所曾接受于和我们所可能期待于那种应用的一个最小的部分。有许多几何学家给出了根据观察来发现各种现象的经验规律的普遍方法,这些方法可以扩展到所有的科学;因为它们同等地让人认识或是同一个数量在一系列的时刻或位置的连续值的规律,或是许多给定对象之间的一种相似质量的不同特性或不同值的分配规律。

某些应用已经证明了,我们可以成功地运用化合物的知识,从而能够以更容易掌握其间的关系、结果和整体的方式来处理我们的观察。

概率计算的应用已经预示了它可以怎样协助其他的科学进步;有时候,它决定着特殊事实的或然性如何,并教导我们去判断,究竟这些

---

[1] 指模仿某种化合物而进行人工合成。——译注

事实是应该加以摒弃的，还是值得加以证实的；有时候，它在计算着这些事实经常反复出现的或然性，这些事实往往呈现在技术的实践中，而其本身并不与已被看作普遍规律的某种秩序相联系；例如，在医学中，某些药物的疗效或某些预防药剂的成功便是如此。这些应用也向我们表明了一组现象乃是一个有智慧的存在者的意向的结果以及它有赖于与之共同存在的或先行的其他现象的概率都是什么，此外还有应该归之于我们称为机遇的那种必然的而又不为人知的原因的概率，"机遇"一词的真正意义是只有很好地研究了这种计算才能弄明白的。

这些应用同时教给了我们认识我们所可能希望达到的确定性的不同程度，认识我们所能据之以采用一种意见作为我们推理的基础的那种或然性，又并不损害理性的权利和我们行为的准则，也不缺乏审慎，还不违反正义。这些应用表明了各种不同的选举形式、由多数票做出决定的各种不同形式的利和弊都是什么，从中可能得出概率的不同程度，公共利益按照每个问题的性质所应该要求的那种概率；怎样才是几乎能确实获得它的办法，当决定并非是必然的或者双方的不利之点并不相等，其中有一方由于始终处于那种或然性之下而不可能合法的时候；或者是怎样事先就保证总是能获得那同一种或然性的办法，当决定正好相反乃是必然，而最微弱的或然性就足以使之通过的时候。

在这类应用之中，我们还可以列入那些人对于事实的概率的考察，他们不能把自己的同意置于自己的观察之上；这种概率或是从见证人的权威那里得出来的，或者是从这些事实与其他直接被观察到的事实的联系中得出来的。

对人的寿命的研究，对不同的性别、温度、气候、职业、政府、生活习惯对寿命所产生的影响的研究，对各种不同疾病所造成的死亡率的研究，对人口所经历的变化的研究，对产生了这些变化的各种不同原因的作用范围的研究,对它在各个国土上按年龄、性别和职业的分配方式的研究——所有这些研究对于人体的知识、对于医学、对于公共经济学可能是何等的有用啊!

公共经济学在确定各式各样的终身年金、养老储备金、储蓄银行和救济银行与保险公司之时,又是怎样使用这些同样的计算的!

这种计算的应用对于包括度量理论,货币的、银行的、金融运作的理论,以及税收、税收的法定配额、它们实际的分配(那是如此之经常不顾法律的)、它们对社会体系各个方面的作用在内的那部分公共经济学,难道不仍然是必要的吗?

在这同一门科学中有多少重要的问题是只有靠对博物学、对农业、对植物生理学、对机械学和化学的技术所获得的知识的帮助,才能够很好地加以解决的啊!

总而言之,各门科学的普遍进步就是如此,以至于可以说没有任何一门科学是不必借助于所有其他各门科学的援助,就能够完整地被包括在它的原则和它的细节之中的。

在提出这一史表时,提出每门科学都因之而丰富起来的那些新的真理时,提出每门科学都受馈于看来仿佛特别是属于另一类知识的各种理论和方法的应用时,我们将要探讨在每一门科学中观察、实验和思考可能把我们引向的那些真理的性质和限度是什么;我们同样地将要探讨在每一门科学中恰好是什么构成了发明的才能,人类理解力的那种主要的能力,就被人们称之为天才;由于什么作用,人类精神才能够达到它所追求的那些发现,有时候还被引向它并没有寻求,甚至不可能预见到的那些发现。我们将要表明,把我们导向这些发现的各种方法怎样可能会枯竭,从而科学在某种意义上就会被迫停顿下来,假如没有出现新方法向天才们提供新的工具,或者没有出现新方法促进他们在不消耗过多时间和精力的情况下使用那些他们不再能运用的工具的话。

假如我们把自己只限于表明我们从直接运用科学中或者在把科学应用于技术时所取得的好处，无论是就个人的福祉而言，还是就国家的繁荣而言，那么我们就还只是使人认识到它们的好处的很微小的一部分。

它们最重大的好处或许是推翻了偏见，并在一定意义上重建了人类的理解力；人类的理解力曾经被迫匍匐于错误指导的面前，错误指导将每一代人童年时期所传递下来的荒谬信念灌输给它，加之以对迷信的惊惧和对暴政的惶恐。

所有政治上的和道德上的错误都是基于哲学的错误，而哲学的错误本身又与物理的错误相联系。没有一种宗教体系、没有一种超自然的妄诞不是建立在对自然规律的愚昧无知的基础之上的。这些荒诞事物的发明者和保卫者，不可能预见人类精神之绵延不断的完善化。人们被说服在他们自己的时代，他们就已懂得了他们可能懂得的一切，并且会永远信仰他们当时所信仰的东西；于是他们就满怀信心地把自己的梦想建立在自己的土地和自己时代普遍见解的基础之上。

物理学知识的进步对这些错误甚至更加致命，它们往往摧毁了这些错误而看起来又并没有攻击这些错误[，而且使那些顽固保卫这些错误的人蒙上了愚昧无知这一令人齿冷的笑柄]。

同时，对这些科学的对象进行正确推理的习惯、它们的方法所得出的精确的观念以及认识或证明一种真理的手段，都会自然而然地引导我们要对那种强迫我们去拥护奠定在可信性这一现实动机之上的情绪与那种使我们依附于我们习惯的偏见情绪或强使我们要向权威让步的情绪进行比较；而这一比较就足以教导我们鄙弃后一种见解，从而使我们感到我们并不真正相信它们,哪怕我们以信仰它们而自诩,哪怕我们是以最纯洁的真诚在宣扬它们。这个秘密一旦被发现,就会使它的灭亡成为迅速而又肯定的事了。

最后,物理科学的这种前进是感情和兴趣所干扰不了的,在此人们不相信出身、职业或地位就使人有权去评判人民处于无法理解的状态;这一十分确切的进程不可能被人观察到而又使启蒙了的人们在其他的科学中也要不停地力求与之趋近;它每一步都向他们提供了他们所应该遵循的典范,提供了他们可以据之以判断他们自己的努力并认识到他们可能会步入其中的错误道路,使自己避免怀疑主义以及轻信和盲目的惶惑,甚至于过分地完全屈服于知识和名望的权威之下。

毫无疑问,形而上学的分析也导致同样的结果,但是那只不过给出抽象的教诫;而这里的这些同样抽象的原则一旦付诸行动,就会由范例而得到阐明,由成功而得到加强。

直迄这个时代,科学还只是少数人的家业;现在它们已经变成了共同的财富,而这一时刻正在到来,到那时候它们的要素、它们的原则、它们最简单的方法都将真正变为大众的。到那时候,它们之应用于技术,它们对人类精神的普遍的正确的影响,就将具有一种真正普遍性的效用。

我们将追踪欧洲各国在教育方面的进步,无论是幼年的还是成人的;这一进步迄今还是薄弱的,假如我们只看那种教育的哲学体系的话,它几乎到处还都委身于经院哲学的偏见;但那种进步却是十分迅速的,假如我们考虑到教学对象的广度和性质的话,那差不多只是包含真正的知识,包括几乎一切科学的要素在内;而各种年龄的人都从字典中、从摘要中、从杂志中找到了他们所需要的种种知识,尽管它们并不总是十分纯粹。我们将要考察,口头的科学教育与人们直接从书本和研究中所接受的教育相结合都有哪些用处;如果说从编纂工作变为一种真正的职业、一种谋生手段这件事产生了某种便利的话,那么它就增多了大量通俗的著作,但是同时对于没有受过什么教育的人也就繁衍了获得普通知识的手段。我们将要阐述各种学会对人类精神的进步所起的影响,那道屏障在反对江湖骗术和伪学术上都将是长期有用的;最后我们将要叙述各个政府对于人类精神的进步所给予鼓励的历史,以及它们在同一个国度和同一个时代曾对它设置障碍的历史;我们将要使人看到,什么样的偏见或什么样的马基雅维利主义的原则曾经指导过各国政府反对人类精神朝着真理前进,又是什么样的有关政治的乃至公共福祉的观点——当看来相反地是想要加速和保护它的时候——曾经指导过它们。

艺术史表所呈现的结果,也同样辉煌。音乐在某种意义上已经变成了一种新的艺术,同时和声的科学与微积分之应用于发声体的振动和空气的波动也都阐明了它的理论。造型艺术已经从意大利传到了佛兰德斯、西班牙和法国,并在这些国度里上升到意大利在前一个时代所曾达到的同等程度,而且它们在这里比在意大利本土还被维护得更加光辉灿烂。我们画家们的艺术就是拉斐尔和卡拉齐兄弟[1]的艺术。所有这些方法都保存在学院里,它们远远没有消失而是传播得更广泛了。然而,已经过去了那么长的时期而并没有产生出一个天才能与拉斐尔媲美,这种长期的停滞状态就只好归之于机遇了。那并不是艺术的方法已告枯竭,虽说伟大的成就确实是变得越发困难了。那并不是

---

[1] 拉斐尔(Raphaël Sanzio,1483—1520),意大利画家;卡拉齐兄弟为 Ludovico Carrache (1555—1619)及其堂弟 Agostino Carrache(1557—1602)与 Annibale Carrache(1560—1609),三人均为意大利画家。——译注

自然界拒绝赋予我们以 16 世纪意大利人所具有的同样完美的官能;那必须全然归之于政治的、风尚的变化,那不是艺术的衰颓而是它那作品的脆弱性。

文学在意大利培育得不很成功,然而并没有退化;而人们在法语中所做出的进步,却使它配得上在某种程度上变成了全欧洲的普遍语言的那份荣誉。

在高乃依、拉辛[1]和伏尔泰的手里,悲剧艺术由于连续不断的进步而上升到了前所未知的完美境地。喜剧艺术则有赖于莫里哀[2]而更加迅猛地达到了一种任何国家都还未能达到的高度。

从这个时代开始,在英国,并且在与我们更为接近的时期的德国,语言完善化了。诗的艺术、散文写作的艺术已经服从于(但不像在法国那般驯服)应该是指导着它们的那些理性的和自然的普遍规则。这些规则对于所有的语言和所有的民族都是同等真确,尽管迄今为止只有少数人能够懂得它们,并把自己提高到那种正当的而又确切的趣味的高度——它们不外乎是主宰着索福克里斯和维吉尔的篇章以及蒲柏[3]和伏尔泰的篇章的那些同样规则的情操而已,它们教导了希腊人、罗马人以及法国人去感受同样的美并反抗同样的丑。

我们将要使人看到,在每一个国家里都是什么东西促进了或者推迟了这些艺术的进步,是什么原因使得各个不同国度里的不同类型的诗歌或散文著作达到了如此之不平衡的完美状态,以及这些普遍的规则怎样能够甚至在不损害构成其基础的那些原则的同时,被风尚、被享

---

[1] 拉辛(Jean Racine,1639—1699),法国悲剧作家。——译注
[2] 莫里哀(Jean Baptiste Poquelin Molière,1622—1673),法国喜剧作家。——译注
[3] 蒲柏(Alexander Pope,1688—1744),英国诗人。——译注

受这些艺术品的人的意见以及被它们的不同类型所注定要采用的做法的性质本身所规范着。所以,例如,整天在一所不大的厅堂里在为数不多的观众面前所背诵的悲剧,和在一个巨大的剧场里在隆重的节日邀请所有人来歌唱的悲剧,二者就不可能有同样的实用规则。我们将要力图证明,趣味的各种规则也具有同样的普遍性、同样的永久性,但也要接受同样的那种修正,正如道德世界和物理世界的其他规律一样——当必须把它们应用于一种通常艺术的直接实践的时候。

我们将要表明,印刷术怎样繁衍并传播了目的在于供公众朗读或背诵的那些著作,它们流通的读者数目要比听者的数目大得无可比拟;我们将要表明,在人数众多的会议中所采取的几乎所有的重大决定,是怎样由它们的成员从讲授中所接受的教育而决定的,那是由古代人和近代人之间的说服艺术的规则不同所得出的结果,这些不同类似于它所应产生的效果与它所运用的手法之间的不同;最后,我们将要表明,即使是古人也把自己限于所阅读作品的那些文学类型之中,例如历史或哲学,印刷术的发明使人更能投身于展开细节的那种便利,又是怎样地影响到这些规则本身。

哲学和科学的进步扩大并促进了文学的进步,而文学的进步又有助于使学习科学更加容易,使哲学更加大众化。它们是互相支持的,尽管无知与愚蠢在努力要把它们分开,使之成为敌人。学术——对人类权威的顺从、对古老事物的尊敬,似乎注定了是要使学术维护有害的偏见那一方的——居然有助于推翻它们,则是因为科学和哲学已经带给了它一束更为健全的批判火炬。学术已经懂得了衡量各种权威并进行比较,它终于使得它们自身都要受到理性的审判。它已经摒弃了种种奇迹、种种荒诞的神话、种种违反或然性的事实;但是在它攻击它们所依恃的那些证据时,它就从此懂得了不管这些证据的力量如何,都要加以摒弃，而只认可那些能够击败非凡事件在物理上和在道德上的并不真实的证据。

这样，所有的人类理解力的活动，不管它们在对象上、在方法上或在它们所需要的精神品质上可能有怎样的不同，却都汇聚成人类理性的进步。事实上，它是属于人类劳动的整个体系的，如同一件制作精良的工艺品，它的各个部分虽则在方法上迥然有别，却又应当是紧密联系着的，它们只能形成一个唯一的整体并趋向于一个独一无二的目标。

现在我们就来对人类做一个综览；我们将要表明，所有的科学中对真正方法的发现，它们所包含的各种理论的推广，它们之应用于自然界的一切对象与人类的一切需要，它们之间所建立的交通线路，大量在进行科学研究的人士，最后还有印刷品的激增——这些就足以向我们保证，这些科学的任何一种今后都再也不会降回到它们所已达到的那一点之下了。我们将要使人看到，哲学的原理、自由的准则、对真正的人权及其真实利益的认识，都已经在为数非常之多的国家里传播开来并在每个国家里指导着大多数启蒙了的人们的见解，以至于我们不必担心会看到它们再度湮没无闻。

那么，我们还保留有什么可恐惧的呢？——既然我们看到这两种语言[1]乃是传播得最广的语言，也是享有最完整的自由的那两个民族的语言，它们最能认识这些原理；从而就没有任何暴君的联盟，没有任何可能的政治组合，是能够防止这两种语言坚决保卫理性的权利以及自由的权利的。

但是，如果说这一切都告诉了我们，人类不会再陷入它那古代的野蛮状态，如果说这一切都向我们保证不会再有那种怯懦而腐化的体

---

[1] 指英语和法语。——译注

制——它惩罚着人类要永远摇摆于真理和错误之间、自由与奴役之间；那么我们同时却也看到光明还只占领了大地上的一个微小的部分，而真正启蒙了的人数就在大量委身于偏见和无知之中的人们面前消失了。我们看到广大的地区在奴隶制之中呻吟，那许多国家，或是在这里被文明的罪恶所败坏，它那腐化延缓了文明的进程，或是仍然在它那原始时代的幼稚状态之中混日子。我们看到晚近这些时代曾经为人类精神的进步做过许多工作，但是为人类物种的完善化却做得很少；为人们的光荣做得很多，为人类的自由做了一些事，但是为人类的幸福几乎还没有做任何事。在某些点上，我们的眼睛受到辉煌夺目的光明的震眩；但是稠密的阴霾仍然遮蔽着广阔无垠的天际。哲学家的灵魂在少数对象上很欣慰地安息了下来，但是愚蠢、奴隶制、狂妄和野蛮的景象却更加经常地在刺痛着他的灵魂；而人道之友们只有沉溺于对未来的甜蜜希望之中才能品尝到没有杂质的欢乐。

这些便是应该列入人类精神进步史表之内的对象。我们将要在提出它们时，特别力求表明这些进步在人们政治生活的不同时代中对于人们的意见以及对于各个不同国家的广大群众的福祉的全部影响；我们将要力求表明，他们都认识到了哪些真理，他们都弄明白了哪些错误，他们都奠定了哪些有德的习惯，他们的才能都有哪些新的发展曾经在这些才能与他们的需求之间建立了一种更幸福的比例；并且，在一种相反的观点之下，他们又曾经是哪些偏见的奴隶，是哪些宗教的和政治的迷信把他们引到了那里，愚昧无知和专制主义是通过哪些邪恶腐蚀了他们，暴力或他们自身的堕落又使他们沦于什么样的悲惨境地。

迄今为止，政治史也像哲学史和科学史一样，只不过是某些少数人物的历史；真正构成为人类的那些几乎全然依靠自己的劳动而生活的广大的家庭却被人遗忘了，甚至于还有从事公共职业的那类人（他们的活动不是为了他们自己而是为了社会,他们的任务是指导、管理、保卫、安慰别人),而唯有领袖们才吸引了历史学家的关注。

对个人的历史而言,只要搜集事实就够了,但是人类整体的历史却只能依靠观察;而且要选择它们,要掌握它们本质的特征,就必须有知识;并且要能很好地运用它们,还需要有几乎同样的哲学。

此外,这些观察在这里都是以通常的事物为对象的,它们触入每个人的眼帘;只要愿意,每个人都可以自己认识它们。于是,几乎所有被人搜集到的观察都是出自旅行家的,都是由外国人做出的,因为这些在它们所在的地方都是如此之琐碎的事物,对这些人来说却成了好奇心的对象。不幸的是,旅行家们几乎总是不确切的观察者;他们观看对象太匆忙了,而且是通过他们自己国度的偏见在观看的,往往是以他们所游历的国家的人们的眼睛在观看的。他们所请教的只是偶然把他们联系在一起的那些人,而利害关系、党派精神、民族骄傲或情调则几乎总是会左右着这些答案。

因此,我们可以据之以追踪最为重要的这部分人类历史,其资料的贫乏就绝不能仅只归咎于历史学家的奴颜婢膝,有如人们很有道理地谴责专制君主的御用历史学家们的那样。

我们只能以对法律、对政府与公共经济的实践原则的知识,或以对宗教、对一般偏见的知识来补充其中的缺欠。

事实上,书面上的法律与被人执行的法律、统治者的原则与他们那由被统治者的精神所加以改变的行动方式、由制定体制的人所颁布的体制与被实现了的体制、书本上的宗教与人民中间的宗教、一种偏见表面上的普遍性和它所获得的实践拥护,都可能是如此之不同,以至于其效果绝对不会再符合那些被公开承认的原因。

人类历史这一最朦胧、最被忽视的部分,对此有关的遗物向我们所提供的材料又是如此之稀少，才是我们格外应该加入这份史表之中的；而且无论我们考虑的是一种发现、一种重要的理论、一种新的法律体系或一场政治革命，我们所关心的都是要判定它们对于每个社会的大多数人都造成了什么效果；因为哲学的真正对象就在于此，因为这种同样原因的一切中间性的效果都只能被看作最后推动那部分真正构成人类整体的人们的手段而已。

只有达到了整个链索的这最后一步，我们对过去事件的观察（作为由思索而获得的知识）才真正变成有用的，只有到达了那个终端，人们才能欣赏他们自己对光荣的真正资格，或者能确实欣然享受他们自己理性的进步；只有这时候，人们才能判断人类真正的完善化。

把一切都联系到这样的最后一点的这一观念，乃是被正义和理性所决定的；然而人们或许会倾向于把它看作纯属幻念；但它却不是幻念，我们这里只要用两个动人的例子就足以证明它了。

拥有最常见的各种消费品——它们以某种程度的丰裕满足了那些胼手胝足在耕耘我们土地的人们的需求，乃是得到了科学知识的帮助的长期辛勤劳动的结果；自从那时起，这种拥有就被历史附着于萨拉米战役[1]的胜利之上，没有这次胜利，东方专制主义的阴影就会威胁着要吞噬整个大地。水手们正确地观察到了经度才免于海难，他们的生命有赖于一种理论，该理论通过一连串的真理可以上溯到柏拉图学派所做的发现，但在两千年间却埋没在毫无效用之中。

---

[1] 萨拉米（Salamine，即 Salamis）岛位于亚底迦西岸，公元前 480 年雅典海军在这里击败了波斯海军。——译注

第十个时代　人类精神未来的进步

如果说人们能够以几乎完全的确凿性来预言他们已经知道了其中规律的那些现象,如果说即使是它们尚未为人所知,他们也可以根据过去的经验,以很大的概率预见未来的事件,那么为什么以某种或然性,根据人类历史的结果来追踪人类未来命运的史表,就应该被看成是一桩虚无缥缈的事业呢?在自然科学中,信仰的唯一基础乃是这一观念,即驾驭着宇宙现象的普遍规律(已知的或未知的)乃是必然的和不变的;然则有什么理由说,这一原则对于人类思想的和道德的能力的发展,就要比对于自然界的其他活动更加不真确呢?最后,既然根据过去的经验而形成的意见,对于同一个层次的对象来说,乃是最聪明的人的行为的唯一准则,那么为什么要禁止哲学家把他们的猜测置于同样的基础之上呢?——只要他不把它们归之于超出观察的数目、恒定性和明确性所可能产生的确凿性的一种确凿性。

我们对人类未来状态的希望,可以归结为这样三个重要之点:废除各个国家之间的不平等,同一个民族内部平等的进步,最后是人类真正的完善化。所有的国家都将有一天会趋近于最启蒙的、最自由的、最摆脱了偏见的民族(例如像法国人和英裔美国人)所已经达到了的那种文明状态吗?把屈服于君主的那些国家的人民的奴役状态、非洲部落的野蛮状态以及野蛮人的愚昧状态分隔开来的那种广阔无垠的距离，会一点一点地消失吗？

在地球上有没有哪些国土，其居民是受到自然界的惩罚而永远也不能享受自由、永远也不能使用自己的理性的呢？

在所有开化了的民族中，在构成它们每一个民族的不同阶级之间迄今为人所观察到的那种知识上的、手段上的或财富上的差别，以及被社会的最初进步所扩大了的，或者可以说是所造就了的那种不平等——究竟它们是出自文明本身呢，抑或是出自社会艺术的现实缺陷呢？它们会不会持续不断地削弱，以便让位给那种事实上的平等、那种社会艺术的最终目标，那在缩小人们才能的天然差别的作用时，只能容许对所有人的利益都有用的那样一种不平等继续存在，因为它将促使文明、教育和工业进步，而不会带来依附、屈辱或贫困；总而言之，人们是不是在趋向于那种状态？在那里，人人都将掌握必要的知识，在日常生活的事务中按照自己固有的理性指导自己，保持它没有偏见，以便更好地懂得自己的权利并按照自己的见解和良心来行使自己的权利；在那里，人人都能由于自己才能的发展而得到保障自己需求的可靠手段；最后在那里，愚蠢和悲惨将只不过是偶然的事，而不是社会一部分人的常态。

最后，人类是在改善他们自身吗？无论是通过科学和技术方面的新发现，以及通过个人福祉和公共繁荣的手段方面的必然结果；还是通过在行为原则与在实践道德上的进步；或者是通过智力的、道德的以及体质的各种能力的真正完善化（这可能是增加这些能力的强度并指导这些能力的运用的种种工具的完善化的结果，或者甚至是人类自然器官的完善化的结果）。

在回答这三个问题时，我们将要在过去的经验中，在观察科学和文明迄今为止所做出的进步之中,在分析人类精神的进程及其能力的发展之中,发现最强而有力的动机使我们相信:自然界对于我们的希望并没有设置下任何限度。

如果我们把眼光投向全球的目前状态,我们首先就将看到在欧洲,法国宪法的原则已经成为所有启蒙了的人们的原则。我们将看到它们在这里传播得太广泛了、宣扬得太坚决了,以至于暴君们和教士们的努力已无法遏阻它们一点一点地深入奴隶们的简陋木屋里去;而这些原则将很快就在这里唤醒良知的残余和那种无声的愤懑,那是屈辱和恐怖的习惯办法所不可能使之窒息于被压迫者的灵魂之中的。

我们再浏览一下这些不同的国家,就将看到每一个国家都有哪些特殊的障碍是在反对这场革命的,或者有哪些倾向是有利于它的;我们将要区分由于他们政府那或许来得太迟的智慧而在和平地进行着这场革命的那些国家,和由于这场革命受到抵抗而来得格外激烈以至于把它们自己也卷进那些迅猛可怕的运动中去的另一些国家。

难道我们还能怀疑,欧洲各国的智慧或毫无意义的分裂正在协助它们殖民地进步的那些缓慢却确凿无误的作用,很快就会造成新世界的独立吗?而且从此之后,欧洲的居民在那片广阔无垠的土地上的迅速增长,难道不会使仍然占据着广大国土的那些野蛮民族文明化,或者甚至于不需要征服就会使之消失吗?

让我们来检阅一下我们在非洲和亚洲的经营和建设的历史吧,我们将看到我们对商业的垄断、我们的背信弃义、我们血腥地在鄙视另一种肤色或另一种信仰的人们;我们篡夺的肆无忌惮;我们的教士们使人改变宗教信仰的横行霸道和阴谋诡计——这一切摧残了我们知识的优越性和我们商业的优势最初所博得的那种敬意和好感。

但是这个时刻毫无疑问正在到来,那时我们对他们来说将不再仅仅表现为腐化分子和暴君,我们将变成他们的有用的工具或者是一般的解放者。

制糖业正在辽阔无垠的非洲建立起来,它将摧毁两个世纪以来腐蚀非洲并使非洲人口减少的那种可耻的掠夺。

在大不列颠,某些人道之友已经为此做出了范例;如果说英国的马基雅维利主义的政府被迫不得不尊重公众的理性,而不敢加以反对,那么我们为什么就不能期待这一同样的精神,在改革了奴役的和有害的体制之后,也可以配得上一个人道的和慷慨的民族呢?难道法国就不会赶上来模仿这种事业吗?——那是欧洲的慈善和被正确理解的利益这两者所同样强加的命令。在法属的岛屿、在圭亚那、在英属的某些领地,都已经在输入食物杂货了;我们不久就会看到荷兰人以大量的背信弃义、暴行和罪孽所维持的那种垄断的灭亡。欧洲各国终将认识到,独家经营的公司只不过是加在它们身上的捐税,以便赋予它们的政府以一种暴政的新工具而已。

这时,把自己限于自由贸易的欧洲人对于自己固有的权利太明白了而不会去作弄别的民族的权利,他们将会重视他们迄今曾经是那么横加蹂躏的那种独立。他们的殖民地将不会再充斥着受政府保护的人——这些人利用某种地位或某种特权竞相以掠夺或欺诈聚敛财富,以便回到欧洲去购买各种荣誉和头衔;而是将居住着勤劳的人们,他们将要在这些幸运的气候之下去追求他们在自己的祖国所没有找到的那种安乐和富裕。自由会把他们留在这里;野心不会把他们再召回去,强盗们的金库将会变成公民们的殖民地,这些公民将在非洲、亚洲传播欧洲的自由、知识和理性的原则和先例。对于给这些民族只是带来了可耻的迷信的僧侣们(并且他们还以一种新的统治在威胁着这些民族而激发了造反),我们将看到取代他们的,乃是在这些民族中从事传播对这些民族自身的幸福有用的真理、向这些民族阐明它们自身的利益与自身的权利的那些人们。对真理的热忱也是一种感情,它将把他们的努力带到遥远的国土上去,一旦当它看到在自己的周围再没有粗暴的偏见要加以打击、再没有可耻的错误要加以消除的时候。

这些辽阔的国土上有着大量的民族,它们有的地方仿佛就只是在期待着接受我们的办法来使自己文明化,并在欧洲人中间找到自己的兄弟们来使自己变成他们的朋友和他们的学徒;有的地方有着在神圣不可侵犯的专制君主或愚蠢不堪的征服者之下饱受奴役的民族,它们许多世纪以来都在召唤着解放者;其他的地方则几乎还有野蛮的部落,气候的恶劣使它们远离着已经完善化了的文明的甜美,而那同一种恶劣又同样地推开了那些想要使它们认识到那种好处的人;或者还有征服者的游牧部落,它们除了武力就不懂得任何法律,除了抢劫就不懂得任何行业。这后面两类民族的进步将缓慢得多,并且伴随有更多的风暴;或许甚至随着它们将被文明民族所驱退,人数缩减得更少,它们终将不知不觉地消失或者是迷失在文明民族的内部。

我们将要表明,这些事件将不仅是欧洲进步之确凿无误的后果,而且甚至是法兰西共和国和北美共和国同时所具有的最现实的利益与对非洲和亚洲所能提供的商业自由之确凿无误的后果;以及它们必然要么从欧洲各国的新智慧中产生,要么从它们顽固地依附于自己重商主义的偏见中产生。

我们将使人看到唯有一种办法,即鞑靼人从亚洲进行一场新侵略,才能够防止这场革命;而这种办法今后却是不可能的了。同时,一切都已为这些东方大宗教的一场迅猛的衰颓做好了准备,它们几乎到处都落到了那些在分享着教士们的堕落的人们之手,并且在许多国度的有权有势者的眼中已经沦为只不过是政治的工具而已,而不再能威胁着要把人类理性禁闭在无望的奴隶制之中和一种永恒的幼稚状态之中。

这些民族的进程或许要比我们的更为迅猛而又更为确实,因为他们会从我们这里接受我们曾不得不要去发现的一切,并且为了要认识我们只有经历了长期的错误之后才能达到的这些简单的真理、这些确凿的方法,他们只要能掌握我们的言论中和我们的书中的那些发挥和证明就够了。如果说希腊人的进步已经被其他民族丢失了,那都是各民族之间缺乏交流的缘故,那都是罗马人的暴政统治的缘故,它是人们所必须加以谴责的。但是当互相的需要已经使得所有的人彼此接近的时候,当最有威力的国家已经在各个社会和每个个人之间确立了平等并且对弱国的独立的尊重以及对愚昧和困苦的人道性已经被置诸于政治原则的行列之中的时候;当倾向于压制人类才能的力量的那些准则,将被促进人类的行动与精力的准则所取代的时候;难道那时候还能容许人怀疑,在大地上竟有某些地方是光明所不能触及的,或者是专制主义的跋扈竟对真理设置下了长期不可逾越的屏障吗?

因而,这个时刻将会到来,那时候太阳在大地之上将只照耀着自由的人们,他们除了自己的理性就不承认有任何其他的主人;那时候暴君和奴隶、教士及其愚蠢而虚伪的工具,在历史之中和舞台之上以外就将不再存在;那时候除了惋惜他们的那些受难者和受骗者,除了由于恐惧他们的为所欲为而使自己保持着一种有益的警惕,人们就将不再关怀它们;并且在理性的压力之下,人们就学会了识别和遏止迷信和暴政的最初的萌芽,假如它们胆敢卷土重来的话。

在检阅社会的历史时,我们将有机会使人看到,在法律所认可的公民权利与公民所实际享有的权利这二者之间、在由政治体制所确立的平等与人和人之间所存在的平等这二者之间,总是存在着一条巨大的鸿沟;我们将要使人注意到,这种差距乃是古代共和国中自由沦亡的主要原因之一,乃是困扰他们的那些风暴、把他们交付给异族暴君之手的那种脆弱性的主要原因之一。

这些差距有三大原因,即财富的不平等,那些自身的有保障的谋生手段可以传给家庭的人和那些谋生手段有赖于自己生命(或者不如说,有赖于自己有劳动能力的那部分生命)的长短的人双方状况的不平等,以及教育的不平等。

因而,我们就必须表明,这三种实际的不平等应该不断地缩小而又无法消亡;因为它们有其自然的和必然的原因,要想消灭它们将会是荒谬而又危险的事;而且我们甚至于不能试图使它们的作用全然消失而又不开辟更多的不平等的来源,而又不对人权带来更直接的和更致命的打击。

我们很容易证明,财富天然地就倾向于平等,而且它们过度的不成比例乃是不可能存在的或者是会迅速停止的,如果民法并没有确立人为的办法来延续它们和聚集它们的话;如果贸易自由与工业自由使得一切限制性的法律和一切税务的权利所给予既得的财富的优势都消失了的话;如果契约税、对契约自由所加的限制、它们所要服从的种种束缚性的规定,以及要实行它们的种种必要的风险和花费,都并未阻止穷人的活动,也并未侵吞他们微薄的资本的话;如果公共行政根本就没有向某些人开放对其他公民是封锁起来了的丰富的财源的话;如果以往时代所固有的偏见与贪婪精神绝未主宰婚姻的话;最后如果由于风尚的淳朴和体制的智慧,财富不再是满足虚荣或野心的手段,而同时一种没有被人很好理解的严厉性(它不再容许把金钱作为追求享受的一种手段)又不强迫人要保存已经积累起来了的财富的话。

让我们来比较一下欧洲各个启蒙了的国家目前的人口和土地的广袤。让我们在它们的耕作和工业所呈现的景象中来观察一下劳动与谋生手段的分配；于是我们便将看到要在同样的程度上保持这些谋生手段（而且由于其必然的后果），要保持同样数量的人口乃是不可能的事——假如大多数的个人为了几乎完全供给自己的需要或自己家庭的需要，不再只靠自己的勤劳和他们运用资本所获得或所增殖的东西的话。而保持这两种财源的任何一种，都有赖于每个家长的生命乃至健康，那在某种程度上乃是一种养老金，而且甚至更有赖于机缘；于是在这种人与那种其财源根本不必冒同样风险的人之间就产生了一种非常现实的差距，后一种人的需要是由地租或是由几乎与自己的勤劳无关的资本的利润所提供的。

从而，这里就存在着不平等、依赖关系乃至于贫困的必然原因，它不停地在威胁着我们社会中人数最多而又最积极的那个阶级。

我们将要表明，人们本身在面对着这种机缘的时候，有可能把它大部分加以消灭，保障人到了老年会有由自己的节约所产生的但由别人的节约所增大的接济，别人也在做同样的牺牲，却死于有需要采摘其果实之前的时刻；通过类似的补偿作用，妇女或儿童在丧失了自己的配偶或父亲的时刻，也可以以同样的代价得到同样的资助，无论是对于遭受夭折之苦的家庭而言，还是对其家长活得更长久的家庭而言；最后，通过自身达到劳动和成立新家庭年龄的孩子们提供发挥他们的勤劳所必要的资金的便利，他们的增多是以那些因猝然死亡而未能达到那个年龄的人为代价的。正是由于概率计算之应用于人的寿命、应用于投资，我们才有了对这些手段的观念，它们已经被人运用得很成功，但却永远未能以那样的广度、那种形式的多样化而使它们不仅仅是对某些个人，而且也对整个社会群体真正有用，使它们把大量的家庭从那种周期性的毁灭、从那种使得腐化和贫困得以永远再生的根源之中解脱出来。

我们将要使人看到，这些以社会权力的名义就可以组成并成为它最大的福利之一的机构,也可以是私人组织的结果,它们将不会构成任何危险,只要是当这些机构所据以组成的那些原则将变得更加流行而破坏大部分这些组织的各种错误将不再为人所惧怕的时候。

[我们将要阐明保证这种平等的其他办法,它们或者是防止信贷继续成为如此毫无例外地全然附属于大财产的一种特权,却又赋予它们一种同样坚固的基础,或者是工业的和商业活动的进步更进一步对大资本家的存在宣告独立;但使我们有赖于这些办法的,却仍然是概率计算的应用。]

我们所能希望实现的教育平等——那就应该足够了——便是排除了一切被迫的或自愿的依附关系的教育。我们将要展示,在人类知识的目前状态下达到那一目标的简易办法,哪怕对于那些只能对学习付出他们最初的短短几年并且在他们其余的一生中只能付出几个闲暇小时的人来说也是如此。我们将要使人看到,由于人们对知识本身和对教会它们的方法做出了很好的选择,他们就能够教给整个人民群众以每个人对家庭经济、对事务管理、对自己的勤劳与自己的能力的自由发展,对认识自己的权利、保卫自己的权利和使用自己的权利,对受到有关自己义务的教育以便很好地履行自己的义务,对根据自己固有的知识来判断自己的行为和别人的行为而且对任何尊崇人性的高尚精微的情操都不会陌生,对绝不盲目依赖那些自己不得不把操劳自己的事务和行使自己的权利都委托给他人的人,对自己要处于一种可以选择他人和监督他人的地位,对不再做那些以迷信的恐惧和虚幻的希望在折磨人生的流行错误的受骗者,对以自己的理性这一唯一的力量来保卫自己反对偏见,最后对避免江湖骗子的骗局(他们借口要使他致富、要医治他和挽救他,而在陷害他的财产、他的健康、他的意见和他良心的自由)等,所需要知道的一切。

从此以后，同一个国度的居民就不再以他们所使用的是一种更粗俗的语言还是一种更高雅的语言来加以区分了，他们能够同等地以自己固有的知识来处世，他们不再局限于一种技术流程或一种职业常规的机械性的知识，他们无论是在细微的事务上还是在获得微小的教育上都不再依赖以一种必然的优势在统治着他们的那些聪明人；由此便会造成一种真正的平等，因为知识和才智的差异不可能再在那些其情操、其观念、其语言使之可以彼此理解，其中某些人可能希望被别人所教导但却绝不需要被别人所领导的人们之间树立起一道屏障，他们可能想要把治理他们这样一桩操心的事托付给最开明的人，但并不会被迫要以一种盲目的信任把它委之于那些人。

　　正是这时候，这种优越性哪怕是对那些并不享有它的人都变成了一种方便，它是为了他们而不是为了反对他们而存在的。在其理解力没有得到培养的那些人之间，甚至于在野蛮人之间的才能上的天然差异，就产生了骗子和受骗者、聪明人和容易上当的人；毫无疑问，同样的差异在教育真正普及了的民族中间也是存在的，但它只不过存在于启蒙了的人们与虽感到知识的价值但并不受它眩惑的精神正直的人们之间，存在于天赋或天才与懂得欣赏和享用它们的常识之间；而且哪怕是这种差异来得更大，但如果我们单纯比较这些才能的强度和范围的话，如果我们仅仅比较它在人与人的关系中（在关系到他们的独立和他们的幸福方面）的作用的话，它就变得更加不容易为人察觉。

　　平等有这些不同的原因，它们并不是以孤立的方式在活动的，它们互相结合、互相渗透、互相支持，而且从它们的联合作用中就产生了一种更有力的、更确凿的、更长久的作用力。如果教育更平等的话，它就会在勤奋中，也就由此而在财产中产生一种更大的平等；而财产的平等必然有助于教育的平等；同时各民族之间的平等以及每个民族所确立的平等也在彼此之间有着一种相互的影响。

　　终于,加以良好引导的教育就纠正了才能方面的天然不平等,而不是强化了它,正如良好的法律弥补了谋生手段方面的天然不平等,正如在社会中各种制度会带来的那种自由、平等,尽管也要服从一部经常的宪法,却比在野蛮人的独立状态中要更为广泛、更为完整。这时,社会的艺术就完成了它自己的目标,亦即保证和扩大了人人都享有他们天生就受到召唤的那些共同权利这一目标。

　　这些进步所将得到的真正好处——我们对此可以表示一种几乎是确凿无疑的希望——其归宿就只能是人类自身的完善化这一点,因为随着各种各样的平等将会为人类确立更广泛的维持生活需要的手段、更普及的教育、更完整的自由,那种平等也将越发真确,它将越发接近于囊括真正关系到人类幸福的一切东西。

　　因此,正是在检查这一完善化的进程和规律之中,我们才能认识到我们希望的范围和归宿。

　　没有人曾经想象过,人类的精神既能够穷尽自然界的一切事实,又能够穷尽测定与分析这些事实的精确性的最后手段,以及这些事实之间的全部关系和各种观念的全部可能的组合。单单是广度关系,单单是这一观念的各种组合、数量或广袤等等,就形成了一个过分庞大的体系,那是人类精神所永远不可能全部掌握的,即使是这个体系的一部分也永远都要比它所可能深入钻研的更加庞大而且始终也不可能为人所知。然而人们却能够相信,人永远只能认识他那智力的本性所允许他所达到的那一部分对象;他终于会遇到一个限度,这时他已经知道的那些对象的数量和复杂程度已经消耗了他全部的精力,所以一切新的进步对他来说就变得确实是不可能的了。

　　但是随着种种事实的增多,人们也学会了对它们做出分类,把它们简约为更普遍的事实;同时用于观察它们、准确地测量它们的种种工具和方法也就获得了新的精确性;随着人们认识到更大量的对象之间种种更复杂的关系,人们就学会了把它们简约为更广泛的关系并把它们纳入更简单的表达方式,把它们表现为种种形式,使人能掌握其更大的数量,哪怕自己所拥有的仍然只不过是同样的脑力而自己所运用的仍然只不过是同等的注意力;随着人类精神上升到各种更复杂的组合,更简单的公式就使得它们对于他们更加容易了;曾使人付出极大的努力才能发现的并且起初只能是有深刻思索能力的人才能够理解的那些真理,不久之后就被只不过是普遍的智力之内的各种方法所发展并且证明了。假如导致各种新组合的方法被用尽了的话,假如把它们应用于尚未解决的问题需要有超乎学者的时间或力量的劳动的话;那么更普遍的方法、更简单的手段立刻就会为天才们开辟新的用武之地。人类头脑的实际活力和范围将始终是不变的;但是他们所能使用的工具则会增多而且完善化,明确并固定他们观念的那种语言则会获得更大的准确性和更大的普遍性;在力学中,人们要增大力量就只能减低速度——与此相反,指导天才们发现新真理的各种方法,是同等地在增加它那运作的力量和速度的。

最后,这些变化本身既然是对真理的详尽认识的进步之必然的后果,而且导致需要新的能力的原因既然同时就在产生着获得它们的办法;所以结果便是构成观察、实验与计算的科学体系的各种真理的现实整体不断地在增大,同时这同一个体系的各个部分就会不断地自我完善,而我们却可以假设人类才能的力量不变、活力不变、广度不变。

我们把这些普遍的想法应用于各种不同的科学,将对其中的每一种都得出这类连续不断完善化的范例,那将使人对我们所应期待的东西的确凿性不会再有任何疑问。我们将要特别指出被人们的偏见认为是最接近于枯竭了的那些科学，它们的进步是最有希望的而且是即将到来的。我们将要发展计算科学的最普遍的、最合乎哲学的应用，应该为一切人类知识的整个体系增添广度、精确度和统一性。我们将要使人注意到，每一个国度的更普遍的教育在给予更大多数的人可以鼓舞他们的基本知识和一种研究的兴趣以及在这上面所能做出进步的能力时，是怎样地增长了这些希望；如果更普遍地易于使更多的人从事这些专业，那么这些希望还将会何等地增大，因为事实上在最开明的国度里，也只有几乎还不到五十分之一的有这些天赋才能的人是接受了他们发展所必需的教育的；这样，注定了要以自己的发现去开拓科学疆界的人，也就会以同一个比例而扩大。

我们将要表明，教育的平等与各个不同国家之间所应该奠定的平等将会怎样地加速其进步，有赖于在广阔的领域内反复进行大量观察的那些科学的进程；将会怎样地加速所有那些我们可以期待于矿物学、植物学、动物学和气象学的东西；最后还有，这些科学在其手段的薄弱（它却引导我们得出了那么多有用的、重要的真理）与人们尚可加以运用的那些手段的广度这二者之间，还存在着怎样的比例失调。

我们将要阐明，在甚至于其发现乃是对单纯沉思的报偿的那些科学里，若能有更多的人来研究它们，也会有促使它们进步的好处，那靠的是根本就不需要为发明者所必备的那种脑力，而只是自行呈现于单纯的思索面前的那些细节上的完善化。

如果我们过渡到其理论有赖于这些科学的各种技术，我们就将看到，应该随着这种理论的进步而来的进步，是不应有其他的限制的；技术流程也可以接受科学方法同样的那种完善化、同样的那种简单化；工具、机器和操作越来越会提升人们的力量和技巧，同时也会增进产品的完美性和精确性并减少获得产品所需的必要时间和劳动；这时仍然在抗拒这些进步的障碍就将消失,人们就学会了预见和预防各种事故以及劳动的、习惯的或气候的危害性。

这时候越来越缩小的一块大地上就可以产出具有更大效益和更高价值的产量来,更少的耗费就可以得到更广大的享受,同样劳动的产品就可以保证更少的原料损失,或变得更经久耐用。人们将会为每一片土壤选择那些回应于最大需求的生产;在能够满足同一种需求的各种生产之中,将会选择需要更少的劳动和更少的实际耗费就能满足大多数人的那样一些。这样,保存和节省耗费的办法,并不需要有任何牺牲,就将随着再生产各种不同的材料配备它们并把它们制成产品的技术的进步而到来。

这样,就不仅是同样的一块土地可以养活更多的人;而且每一个人都不必那么艰苦地从事劳动就能以更丰富多产的方式做到这一点,并可以更好地满足他们的需求。

从这些勤劳与福祉的进步之中,在人们的才能以及他们的需要之间就得出了一种有利的比例,每个世代或者是由于这些进步,或者是由于保存了此前勤劳的产品,都被召唤来参与日益扩大的享受,而且从此以后由于人类体制的后果就形成了人口数量的增长;然则,难道就不会达到一个期限,那时候这些规律也同样地必然会要反对它自己了吗?那时候,人口数量的增长超过了他们生活手段的增长,由此就必然会造成假如不是福祉与人口不断缩减的话,也会是一场真正倒退的行程,至少是在好与坏之间的一种摇摆。社会到了那个时期,难道那种摇摆不会成为一种永远持续不断的(在某种意义上是周期性的)困苦不幸的原因吗?难道它不是标志着那个极限吗?——在那里,一切改善都已成为不可能,而人类的可完善性在无数个世纪之后就会达到已经永远不可能再加以超越的那个限度。

毫无疑问,不会有任何人看不到那个时候距离我们还是何等之遥远;但是我们难道不会有一天到达那里吗?我们同等地不可能宣告一桩事件的未来现实性是正是反,那桩事件只能在人类已经必然地获得了我们对之几乎还不可能形成任何观念的那些知识的那个时代里才会实现。而且事实上,又有谁敢于猜测把元素转化为适合于我们之用的各种物质,有一天会变成什么样子呢?

但是,假设这个期限终会来临,从中也不会得出什么可怕的东西来,无论是就人类的幸福而言,还是就其无限的可完善性而言;如果我们假设在那个时候以前理性的进步与科学和技术的进步保持着并驾齐驱,而且迷信所具有的种种荒唐可笑的偏见已经停止了对道德去宣扬一种不是净化它和提高它,而是要腐蚀它和贬低它的严酷性,那么这时人们就会懂得,如果他们对尚未存在的人们有义务的话,那义务就不在于给他们以生存而在于给他们以幸福;那义务是以人类的或他们生活于其中的社会和他们所附属的那个家庭的普遍福祉为目的的,而不是以要在大地上布满了无用而不幸的人们那类幼稚的想法为目的的。因此,生活资料的可能积累就有一个限度,从而最大可能的人口也要有一个限度,而又并不造成人口的夭折(假如是那样的话,对于一部分已经获得了生命的人就太违反自然和社会的繁荣了)。

既然对形而上学、道德学和政治学的基本原则的发现(或者不如说确切的分析)还是最近的事,而且那又先要有大量有关真理细节的知识,所以它们就此已经达到了它们最终限度的这一偏见就是很容易成立的;人们设想已经没有什么事情要做了,因为再也没有什么粗暴的错误要推翻,再也没有什么基本的真理要奠定了。

但是很容易看出,对人类的思想能力和道德能力的分析还是多么地不完备;对他的义务的知识——那假设了他的行为对他同胞的福祉、对他乃是其中一员的那个社会的影响的认识——还可以怎样地由于对那种影响更明确的、更深入的和更精密的观察而得到扩大;为了要确切地认识人的个人权利的范围以及社会状态所赋予每个人对人人的权利,还留下多少问题是有待解决的,有多少社会关系是有待考察的。迄今为止,我们甚至于已经以某种精确性肯定了这些权利的限度了吗?——无论是在战争时期各个不同的社会之间的权利,或是在混乱与割据的时期那些社会对自己成员的权利,或是在一种自由而原始的形态的情况下或在一种已成为必要的分裂情况下那些自发结合在一起的个人的权利。

如果我们现在过渡到应该是指导着这些原则的应用与成为社会艺术的基础的那种理论,难道我们看不到有必要达到一种精确程度,其中的基本原理乃是不可能以其绝对的普遍性而为人所接受的吗?是不是我们已经达到了这样一点,可以以正义或是以一种已被证明的和被公认的效益性,而并不是以所谓政治权宜的那类朦胧的、不确定的、随心所欲的观点,作为一切法律意向的基础呢?是不是我们已经规定了精确的准则,有把握可以在平等与自然权利的普遍原则会受人尊重的而为数又几乎是无限之多的各种可能组合之中,选择出最能确保这些权利并容许它们的行使和享用有着最大的范围,最能确保个人的安宁和福祉与国家的强大、和平和繁荣的那类组合呢?

组合和概率的计算之应用于同样的这些科学,就向我们许诺了更重要的进步;因为它既是赋予它们的结果以一种几乎是数学的精确性而同时又是评估其确凿性或者或然性的程度的唯一手段。支持这些结果的事实,很可能是未加计算的,而一经观察之后就把人引向普遍的真理,就教给人某某原因所产生的效果是否有利;然而,假如这些事实既不能加以计算,又不能加以衡量,假如这些效果不可能得到准确的测定,那么这时我们就无法认识这种原因所造成的结果好坏如何了;而且假如好坏双方大体平衡而互补,假如双方差别不大,我们便甚至无法多少肯定地宣称天平会倾斜到哪一边。不应用计算,我们往往就不可能多少确定地在两种都是为了达到同一个目的而形成的组合——而它们所表现出的优点又都不是显然可见地不成比例——之间做出选择。最后,没有同样的这种帮助,这些科学便缺乏精密的工具足以把握转瞬即逝的真理,便缺乏可靠的机械足以达到埋藏着它们一部分财富的矿藏的深处,便会始终都是粗糙的和有限的。

然而这种应用,尽管有着某些几何学家的可庆幸的努力,却可以说仍然只不过是它那最初的成分;它会向未来的世代开辟一个同样是取之不尽的知识来源,正如计算科学本身,正如人们可以纳入其中的组合、关系与事实的数目是一样之多。

这些科学还有另一种同样重要的进步,那就是使它们那些仍然是如此之模糊和如此之暧昧的语言得以完善化。而正是由于这种完善化,它们才可能有条件变得真正大众化,哪怕是以它们那些原始的成分。天才们战胜科学语言的不确切性,也像战胜其他的障碍一样;尽管有陌生的面具在掩盖着或伪装着真理,天才们却认识真理;但是那些只能给自己的教育以一小点时间的人,假如那些最简单的概念是被不确切的语言所歪曲了的话,又怎么能够获得并保持那些概念呢?他们所能搜集和组合的观念越少,则它们就越有必要是正确的、是严谨的;他们在自己固有的智力里找不到一种真理体系能使自己抵御错误,而他们的精神也没有被长期的操作所强化或精炼,所以就把握不住通过一种不完备而又不合文法的语言的种种暧昧和模棱所透露出来的微弱的光芒。

人类将不能使自己懂得自己道德情操的本性和发展,将不能使自己懂得道德的原则,将不能使自己懂得以自己的行为与之相符合的那些天然动机,将不能使自己懂得自己的利益——无论是作为个人的利益,还是作为社会成员的利益——又不在道德实践上也做出像是在科学本身上那些同样真实的进步。被错误理解的利益,难道不正是违反普遍福祉的各种行为所最常见的原因吗?情绪冲动,难道往往不正是人们由于计算错误或对抵制自己原来的行动、平息它们、转移它们、指导它们的各种手段的无知而投身于其中的习惯所形成的效果吗?

习惯于反省自身的行为并在这上面请教和倾诉自己的理性和自己的良心,习惯于把我们自己的幸福和别人的幸福合为一体的那种美好的情操——难道这些习惯不正是研究被良好地引导的道德、研究社会公约的条件之下的一种更大的平等的必然结果吗?这种属于一个自由人自身尊严的良心、一种以对我们的道德构成的深刻认识为基础的教育——难道它们不正是使得几乎人人都在共享着严格而纯洁的正义的那些原则的,以及活跃的而又启蒙了的善意和精致而又慷慨的感性的那些习惯的运动吗?自然界把它的科学置于每个人的心中,而它们仅有待于知识和自由的美妙的影响便可以发展。正犹如数理科学能使我们用于我们最简单的需求的那些技术得以完善一样,道德科学与政治科学的进步对于引导着我们的情操和我们的行动的那些动机所起的同样作用,难道不也是同等地属于自然界的必然秩序吗?

法律和公共体制的完善化,作为这些科学进步的结果,其作用不就是要使每个人的共同利益趋近于、认同于全体的公共利益吗?社会艺术的目标,难道不就是要扫除那种显而易见的反对力量吗?其宪法和法律最密切地符合理性的和自然界的愿望的国度,难道不就是其德行的发挥将是最轻而易举的,而使它脱离德行的那些诱惑又是最罕见的而又最软弱无力的那个国度吗?

有什么恶劣的习惯和违反良好信仰的做法,甚至于有什么罪行,是我们不能够从我们观察到做出了那种习惯、那种做法或那种罪行的那个国度的立法之中、制度之中和偏见之中揭示出其起源及其根本原因来的呢?

还有,随着有用的技术进步(依靠于一种健全的理论)而来的福祉,或者是随着以政治科学的真理为基础的一种正直的立法之进步而来的福祉,难道不正是在使人类趋向人道、趋向仁爱、趋向正义吗?

总之,我们所提出要在本书中展开的这些观察,难道不都在证明由人类的构成所必然产生的人类的道德善良,正像所有其他的才能一样,乃是能够无限地完善化的,而且自然界不是以一条解不开的链索把真理、幸福和德行都联接在一起的吗?

在人类精神的种种进步之中,我们应该把彻底扫除偏见——它在两性之间奠定了一种权利上的不平等,那甚至于对它所垂青的那一方,也是致命的——当作对普遍的幸福来说最重要的。人们徒劳无益地在寻找各种动机,以他们生理机能的不同并以人们要在他们智力大小上、在他们道德感受力上所发现的不同来论证这一点。这种不平等除了力量的滥用外,再没有别的根源,而后来人们力图以种种诡辩来辩解它,都不过是枉然。

我们将要表明,扫除被这些偏见所认可的种种习俗、所规定的种种法律,可以怎样地有助于增进家庭的幸福,有助于成为其他一切德行的最初基础的家内德行得到普及,有助于促进教育的进步,而尤其是使得教育真正普及,无论是因为人们以更大的平等把教育扩大到两性,还是因为没有家庭中母亲们的协助,教育即使对男人们也不可能变得普及。这种对公正和善意终于姗姗来迟的臣服礼,难道不正是由于消除了一种对立——由于消除了最活跃的、最难以压抑的自然倾向与人类义务或社会利益双方之间的如此危险的一种对立——便从而中断了种种不正义、残酷和罪行的一个异常之丰富的根源了吗？最后，它难道不是产生了迄今为止一直只不过是一幕海市蜃楼的那种甜美而纯洁的民族风尚吗？这些风尚并不是由足以骄人的艰苦、伪善的外表或是由害怕受侮辱或宗教的恐怖所强加于人的节制而形成的，而是由被自然所鼓舞的、被理性所认可的自由缔约的习惯所形成的。

启蒙了的人民在恢复自己处置自己的生命和财富的权利时，就一点一点地学会了把战争看成是最致命的灾难，是最大的罪行。人们将看到，首先消失的是国家主权的篡权者为着自封的世袭权利而驱使人民去参加那些战争。

各族人民将会懂得，他们不可能变为征服者而不丧失自己的自由；他们将会懂得永久的联盟乃是维护自己独立的唯一办法，而且他们应该追求的乃是安全而不是威力。商业的偏见将会一点一点地消失；一种虚假的商业利益，将会输光足以使大地血流成河并使他们在发财致富的借口之下可以毁灭各个国家的那种可怕的力量。随着各族人民在政治的和道德的原则之中终将互相接近，随着每一族人民为了其自身的好处终将号召外国人来更加平等地分享他们所得之于自然界或得之于自己的勤劳的财富，所有那些产生、毒化和延长民族仇恨的原因都会一点一点地消逝；它们将不会再向好战的狂热提供任何养料或借口。

比这些有关永久和平的规划组合得更好的各种体制，曾经占据了某些哲学家的闲暇并慰藉了他们的灵魂，它们将会加速各国之间那种友爱的进步；而各族人民之间的战争，就会像谋杀一样，将被列为特殊的邪恶，它们是玷污和违反自然的，它们给国家打上了长期耻辱的烙印，它们败坏了那个世纪的编年史。

谈到希腊、意大利和法国的美术时，我们已经看到了在他们的作品之中必须区别什么是真正属于艺术的进步，什么只是有赖于艺术家本人的才能。我们在这里将要指出艺术所仍然应该期待着的进步，无论是哲学的和科学的进步，还是对于这些艺术自身的对象、效果和手段的更多、更深刻的观察的进步，或是在清除局限了艺术的范围并把艺术仍然束缚在已被科学和哲学所砸烂了的那种权威的羁轭之下的种种偏见方面的进步。我们将要考察，那些手段是否像有人所相信的那样，已经都被用尽了；因为最崇高或最感动人的美都已经被人掌握了，最幸运的题材都已经被人处理过了，最单纯的而最惊心动魄的组合方式都已经被人运用过了，最慷慨激昂的、最恢宏大度的人物都已经被描写过了，最活跃的感情、对它们的最自然或最真实的表现、最扣人心弦的真理、最辉煌的形象都已经被放进作品之中了，所以不管我们设想它们的手段有着怎样的丰富性，艺术都被注定了是要沦于模仿前人典范的那种永恒的单调状态的。

我们将要使人看到，这种见解只不过是由文学家和艺术家们习惯于评价人物而不是欣赏作品所产生的一种偏见；我们将要使人看到，如果说人们丧失了由于比较各个不同的世纪和国度的作品与由于赞美刺激了天才们的努力和成功而产生的那种反思的乐趣，那么这些被考虑的作品本身所给予人们的享受却应该是照样活泼泼的，哪怕从他们那里得到这些作品的人们已经不大配得上被抬高到那种完美的境地了。随着这些真正值得保存的作品的数目在增多并变得更加完美，每个世代都要把自己的好奇心和敬慕心放在那些值得偏爱的作品上，而其他的作品就会不知不觉地被人遗忘；对这些更单纯的、更动人的、被前人已经掌握了的美的享受，其存在对于后代也不会减少，尽管它们只是在更为现代的作品中才会被人发现。

科学的进步保证了教育技术的进步，而教育技术的进步本身随后又加快了科学的进步；这种其作用是日新又新的交相影响应该列入人类精神完善化的最活跃的、最有力的原因之中。今天，一个青年离开学校时所懂得的数学，就超过了牛顿以其深入的研究所学到的或者以其天才所发现的一切，他懂得怎样以一种前所未知的轻松愉快来操作计算工具。同样的观察也可以多少不等地适用于所有的科学。随着每一种科学都在提高，把大量真理的种种证明收缩在一个很小的空间之内并使容易理解的各种办法也同等地将会完善化。于是，尽管科学有着种种新的进步，具有同等天分的人们不仅发现自己在他们生活的那同一个时代里都处于科学现状的同一个水平上；而且对每一个世代来说，凡是人们以同样的脑力、同样的注意力在同样的一段时间内所能学到的东西，都必然地会增多，而且人人都可能获得的每一门科学的基础部分都在变得越来越大，它将以一种完备的方式囊括每个人为了在共同生活中指导自己、为了以一种更完整的独立性运用自己的理性所可能必须知道的一切。

在政治科学中，有一类真理，特别是在自由的人民（也就是说，在各个民族的某些世代）中间，除非在普遍地为人所认识和认可之后，否则是不可能有用的。因此，这些科学对于国家的自由与繁荣的进步的影响，在某种程度上就应该用由于基础教育的作用而成为人人精神所共有的那些真理的数量来加以衡量；因此，这一基础教育之不断增长着的进步，其本身就与这些科学的必然进步相联系着而向我们保证了人类命运的改善。这可以看作是无限的，因为它除了这些进步本身的限制外，就再没有任何其他的限制。

现在我们还要谈两种普遍的方式，它们同时既影响到教育技术的完善化，也影响到科学的完善化：一种是更广泛地和更完美地运用我们可以称之为技术方法的东西，另一种则是建立一套普遍的语言。

我所称为的技术方法,是指把大量的对象结合在一种整体安排之下的技术,它使人一眼就看到其中的关系、迅速地就把握其中的组合并更容易地就形成了新的组合。

我们将要发展这些原则,我们将使人感觉到这种技术的效用,它还处于自己的襁褓时期;并且它在自我完善的同时还能够提供在一张小小的史表之内就收集到往往是一部大书都难以使人如此迅速就很好地加以理解的东西的那种便利,或是更为可贵地把许多孤立的事实都呈现在更适宜于从中推导出普遍结果的那种格局之中的办法。我们将要阐明,靠少数这类很容易学会其用法的史表的帮助,那些未能把自己提高到最初等的教育之上、足以使自己能认识日常生活的有用细节的人,当他们体验到有此需要的时候,是怎样地可以随意就能发现它们;以及运用同样的这些方法,在初等教育所建立的一切部门中是怎样地促进初等教育,或是在对真理的系统安排方面,或是在一系列的观察与事实方面。

一种普遍的语言是指以符号来表达的语言,它或者是真实的对象,或者是由简单而普遍的观念所构成并表现为同样的、在所有的人的理解中可能都同样形成的那些明确被规定的集合体,以及或者是这些观念之间的普遍关系、人类精神的运作和每一门科学所固有的运作或技术流程。从而,凡是认识这些符号、它们的组合方法以及它们形成的规律的人,都会懂得这种语言所写的是什么,并且会同样轻而易举地以各个国度共同的语言来表达它们。

我们看到这种语言可以用来阐述一种科学的理论或是一种技术的规则,可以用来说明一种新的经验或观察、一种操作的发明、一种真理或一种方法的发现;就像是代数学那样,当它不得不采用新的符号时,那些已知的符号就会给出解释它们价值的办法。

这样的一种语言，就没有那种与通常语言不同的科学惯用语的不便。我们已经注意到，那种惯用语的使用必然要把社会划分成两个不平等的阶级：一个阶级由认识那种语言而掌握了所有各种科学的钥匙的人们所组成，另一个阶级则由未能学会它而发现自己几乎绝对不可能获得知识的人们所组成。相反地，普遍的语言在这里就像代数学的语言一样，是和科学自身一起学到的；人们是在认识符号所指示的对象、观念和操作的同时，就认识了符号的。凡是已经学会了一门科学的要素的人，都想要向前深入，他们会在书籍里发现不仅有靠着他已经认识了其价值的那些符号的帮助而可能理解的真理，而且还有人们为了上升到其他的真理所需要的对各种新符号的解释。

我们将要表明，这样一种语言的构成——假如它把自己仅限于表达简单确切的命题，作为构成一种科学体系的或技术实践的命题——绝不会是一种虚无缥缈的观念，而且甚至于可以很容易地把它推行到大量的对象上去；真正妨碍了把它扩大到其他上面去的障碍倒是那种有点令人感到羞愧的必要性，即我们必须承认我们所具有的、为我们的精神所很好接受的精确的观念和明确规定的概念又是何其稀少。

我们将要指出，它在不断地自我完善并且每天都在获得更大的领域的同时，会对包含人类全部的智慧的一切对象都带来一种严谨性和精确性，那会使人对真理的认识变得更加容易，使得错误几乎成为不可能的事。那时候，每一门科学的进程就会有着数学的进程那种确切性，而构成它那体系的命题就会有着几何学的全部确凿性，也就是说，自然界对它们的对象和它们的方法所能允许的全部确凿性。

所有这些使人类得以完善化的原因、所有保证这一点的办法，由于它们的本性，就应该永远在发挥着一种积极的作用，并且在获得一块永远是在扩大着的领域。

我们已经阐明了对这一点的证明，它将在作品本身之中由于自己的发展而得到更大的力量；因而我们就已经可以得出结论说，人类的可完善性是无限的；然而直迄现在，我们还只把它设想为是同样不变的天赋才能和同样不变的组成。他那些希望的确凿性和领域将会是何其之大——假如我们可以相信这些天赋才能的本身、这些人体组成也能够得到改进的话。而这就是要留给我们加以考察的最后一个问题了。

植物或动物物种的有机体的可完善性或者退化，可以看作自然界的一条普遍的规律。

这条规律也扩展到人类；毫无疑问，没有人会怀疑：保护性医疗的进步，采用更健康的饮食和居室，通过锻炼增强体力但又不因过度以致损伤体力的那种生活方式，最后还有清除两种最活跃的退化原因，即贫困与过分的财富——这些将会延长人类的平均寿命，将会保证他们更持久的健康和更茁壮的体质。人们会感到，预防性医学的进步会由于理性与社会秩序的进步而变得更为有效，将会终于消灭遗传病和传染病以及那些起源于气候、食物或劳动性质的一般疾病。将会不难证明，这种希望也应该延伸到几乎所有其他的疾病，看来人们很有可能有朝一日认识到它们的远因。现在就设想人类的这种完善化应该被看作有着无限进步的可能的，设想有一个时候会到来，那时候死亡只不过是特殊事故或生命力慢慢衰亡的结果，而且生与死的中间值的期限本身并没有任何可指定的限度——这难道会是荒谬的吗？毫无疑问，人是不会永远不死的；但是在他开始生存的那一瞬间和他没有疾病、没有意外而自然而然地经历到难以生存下去的那个大家所共有的时刻这两者之间的那段距离，难道不是能够不断地扩大的吗？既然我们这里是在谈可以用数量的或线性的精确性来表示的进步，那么现在就是适宜于我们来发挥无限一词为人所接受的这两种意义的时候了。

事实上,这一生命的平均长度——它应该是随着我们深入未来而不停地在增加——可以是按照这样的一种规律在增加,即它连续不断地趋近于一个没有限制的范围而又永远不可能达到那里;或者也可以是按照这样的一种规律,即那同一个长度在无数的世纪之中可以获得一个比任何事先所曾指定其限度的固定数量都要更大的范围。在后一种情况中,那种增加在更为绝对的意义上实际上就是无限的,因为并不存在一条那种增加在其限度之内就必须停止下来的边界。

在前一种情况中,假如我们无法规定那种增加所永远不可能达到的而又永远在趋近着的那个终端,那么它们对我们而言就仍然是无限的;尤其是假如我们仅知道那种增加是绝不会停顿的,而我们却甚至不知道在这两种意义的哪一种上,无限一词是可以用之于它们的。而这就恰好是我们目前对人类可完善性的认识的终端,这就是我们可以称之为无限的那种意义。

因此,在我们此处所考虑的例子中,我们就应该相信人类寿命这一平均长度是可以不断增加的,假如没有受到物质方面革命的反对的话;但是我们却不知道它所永远不会逾越的那个终点是什么;我们甚至也不知道自然界的普遍规律是否曾确定了它有一个不可能超过的终点。

但是体质的才能、力量、机敏、感官的精细——这些是不是也属于个体的完善化所可能遗传的那些品质之列呢?对家畜的不同品种的观察使得我们相信这一点,而且我们也可以由于对人类直接进行观察而加以证实。

最后,我们难道不能把这些同样的希望扩展到思想的和道德的能力上面来吗?我们的父母把他们身上的各种优点和缺点都遗传给了我们,我们从他们那里得到的既有我们身体的显著特征,也有我们某些生理爱好的倾向,难道他们不可能同样地遗传给我们为智力、脑力、灵魂的精力或道德感受性所依赖的那部分的体质结构吗？难道教育在完善化这些品质时，就不可能也影响到那同一种体质结构，改造它们并完善它们吗？类比并分析人类才能，甚至还有某些事实的发展，似乎都证明了这类猜测的真实性，它将会进一步开拓我们希望的界限。

  这些便是我们结束对最后这个时代的考察的问题。人类精神在解脱了所有这些枷锁、摆脱了偶然性的王国以及人类进步之敌的王国以后，就迈着坚定的步伐在真理、德行和幸福的大道上前进；它的这份史表向哲学家呈现出仍然被错误、罪行和不公正所污染——哲学家往往又是它们的受害者——的大地之上的一幅令人慰藉的景象啊！正是在观照这幅史表之中，他就接受了他为理性的进步、为保卫自由所做的努力的奖赏。这时候，他就敢于把它们和人类命运的永恒枷锁联系在一起：正是在这里，他就找到了对德行的真正补赎和做一桩持久的好事的快乐，那是命运以一种要使偏见和奴役卷土重来而致人于死命的抵消行动再也摧残不了的。这种观照对于哲学家乃是一个隐蔽所，在那里面对他的迫害者的回忆是无法跟踪他的，在那里他在思想上与恢复了自己天赋的权利和尊严的人们生活在一起，他遗忘了那些被贪婪、恐惧或忌妒所折磨和腐蚀的人；正是在这里他才真正地与和他类似的人们共同生活在一个天堂〔1〕里，这个天堂是他的理性懂得怎样为自己创造的，而且是他对人道的热爱以最纯洁的欢乐加以装饰的。

---

〔1〕 此处"天堂"原文为 élysée，即 Elysium，在希腊神话中为有德者死后居住的地方。——译注

参考书目

（一）孔多塞的著作

《孔多塞全集》(*Oeuvres complètes*, publiées par M. L. S. de Condorcet, avec le concours de A. Barbier, Cabanis et Garat. Paris, Heinrichs, 1804, 21 volumes)。

《孔多塞作品集》(*Oeuvres*, publiées par A. Condorcet, O'Connor et M. F. Arago. Paris, 1847-1849, 12 volumes)。

（二）论孔多塞的著作

Fr. Alengry,《孔多塞——法国大革命的指导者，宪法权的理论家与社会科学的先驱》(*Condorcet, guide de la Révolution française, théoricien du droit constitutionnel et précurseur de la science sociale*.Paris, Giard et Brière, 1904)。

Fr. Alengry,《孔多塞——他所最高度表达的法国大革命的政治哲学》(*La philosophie politique de la Révolution française dans son expression la plus élevée*. C. Paris, Recueil Sirey, 1938)。

J. M. Allison,《孔多塞——一位被遗忘了的历史学家》("C., A Forgotten Historian", In: *Essays in Honor of Albert Feuillerat*. New Haven, Yale University Press, 1943, pp.183-194)。

H. Archambault de Montfort,《孔多塞关于选举的思想》(*Les idées de C. sur le suffrage.* Paris, Soc. fr. d'imprimerie et de librairie, 1915)。

J. R. Barni,《关于孔多塞的思考片断》(*Fragments inédits sur C.*, p.p. Otto Karmin, Genève, Impr. centrale, 1912)。

Ch. -E. Beaudry,《史达哀夫人:孔多塞的信徒》(*Mme de Staël, disciple de C. Revue de l'Université Laval*, vol.Ⅲ, n.9.mai 1944, pp.808-811)。

H. Bigot,《孔多塞的公共教育的思想》(*Les idées de C. sur l'instruction publique.* Poltiers, 1912)。

Janine Bouissounouse,《孔多塞:法国大革命的哲学家》(*C., le philosophe dans la Révolution*, Préface de Louis de Villefosse. Paris, Hachette, 1962)。

Germaine Bourdin,《孔多塞,他的著作与评论》(*C., textes et commentaires.* Paris, Cercle parisien de la Ligue française de l'Enseignement, 1965)。

Léon Brunschvicg,《西方哲学中的良心的进步》(*Le progrès de la conscience dans la philosophie occidentale.* Paris, Alcan, 1927, vol.Ⅱ, pp.501-511)。

F. Buisson,《孔多塞》(*Condorcet.* Paris, Alcan, 1929)。

J. B. Bury,《进步观》(*The Idea of Progress*, London, Macmillan, 1920)。

G. Bustico,《马里奥·法哥诺和孔多塞历史著作中的进步观念》(*Il concetto di progresso nella storia in Mario Fagano e in C.* Genova, Tip. Carlini, 1905, Extrait de la Rivista Ligure, sept.-oct., 1905)。

E. Caillaud,《孔多塞的经济学思想》(*Les idées économiques de C.* Poitiers, 1908)。

L. Cahen,《孔多塞以及法国大革命》(*C. et la Révolution française.* Paris, Alcan, 1904)。

L. Cahen,《"黑人之友社"与孔多塞》(*La société des Amis des Noirs et C.* Dans la Révolution française, 1. L.1906, pp.481-511)。

Alberto Cento,《〈史表〉的手稿》(*Dei manoscritti del «Tableau» di C.* Milano. U. Haepli, 1955)。

Alberto Cento,《孔多塞与进步观》(*C. e l 'idea di progresso*, Firenze, Parenti, 1956)。

A. Charma,《孔多塞,他的生平和著作》(*C., sa vie et ses oeuvres.* Caen, 1863)。

E. Codignola,《孔多塞的教育思想》(*Le idee pedagogiche di C. Dans la Rivista d'Italia*, 1921, vol.I, pp.44-73)。

A. Comte,《实证哲学体系》(*Système de philosophie positive.* Paris, Dunod, 1879-1883, 4 vol., vol.IV, appendice général, pp.109-120)。

《(从阿基米德到居维叶)科学的征服者》(*Conquérants [Les] de la science [D'Archimède à Cuvier]*, avec la collaboration de Jean Bleud et Marcel Clément et de MM. P. Bastier, R. Boudon, M. Brassart, L. Champagne, etc. Paris, O. Lesourd, 1945)。

H. Delsaux,《政论家孔多塞》(*C. Journaliste.* Paris, Champion, 1931)。

A. Diannyere,《论孔多塞的生平和著作》(*Notice sur la vie et les ouvrages de C.* Paris. an IV)。

R. Doumic,《法国文学研究》(*Études de littérature française.* 5e série. Paris, Perrin, 1906)。

J. G. Frazer,《孔多塞与人类精神的进步史表》(*C. et le progrès de l'esprit humain. La Grande Revue*, vol.CXLV, juil.-oct., 1934, pp.534-555)。

M. Ghio,《孔多塞》(*Condorcet Dans Filosofia*, a, VI.n.2, avril, 1955, pp.227-263)。

L. M. Gidney,《美国对布里索、孔多塞和罗兰夫人的影响》(*L'influence des États-Unis d'Amérique sur Brissot, C. et Mme Roland.* Paris, Rieder, 1930)。

M. Gillet,《孔多塞的乌托邦》(*L'utopie de C.* Paris, Guillaumin, 1883)。

Gilles-Gaston Granger,《孔多塞侯爵的社会数学》(*La mathématique sociale du Marquis de C.* Paris, P. U. F., 1956)。

René Grousset et Armand de Grammont (Institut de France),《孔多塞雕像落成典

礼》(*Inauguration de la statue élevée a la gloire de C.* à Ribemont, le 27 avril 1947, Paris, Firmin-Didot, 1947)。

A. Guillois,《孔多塞侯爵：他的家庭、他的沙龙和他的朋友》(*La marquise de Condorcet, sa famille, son salon, ses amis.* Paris, Ollendoff, 1897)。

Alexandre Koyré,《哲学思想史研究中的孔多塞》(*C. dans Études d'histoire de la pensée philosophique*, pp.95-115.Paris, A. Colin, 1961)。

M. -J. Laboulle,《社会数学：孔多塞及其先驱者》(*La mathématique sociale: C. et ses prédécesseurs. Revue d' hist. litt. de la France*, 46e année, n.1, janv.-juin, 1939, pp.33-55)。

E. Lacroix,《孔多塞生平与著作历史札记》(*Notice historique sur la vie et les ouvrages de C.* Paris, Impt, Sajou, 1813)。

J. Lalande,《论孔多塞生平与著作》(*Notice sur la vie et les ouvrages de C. Mercure de France*, t.XX.n.21, 30 nivôse an IV[20 janv.1796], pp.141-162)。

K. Loewith,《历史的意义：历史哲学的神学含义》(*Meaning in History: The Theological Implications of the Philosophy of History.* Chicago, The University of Chicago Press, 1949, pp.91-103)。

J. Lough,《孔多塞与理查德·普莱斯》(*C. et Richard Price Revue de litt. comparée* 24°année, n.1, janv.-mars, 1950, pp.87-93)。

Ci. Perroud,《关于孔多塞之死》(*A propos de la mort de C.* Dans la *Revolution française*, t.LXIX, juil.-déc.1916.pp.506-516)。

D'Robinet,《孔多塞，他的生平和著作》(*C., sa vie, son oeuvre.* Paris, Quantin, s.a.[1893])。

Sainte-Beuve,《孔多塞》(*Condorcet*[à propos de l'éd. Arago-O.Connor].Caus, du Lundi, III, pp.336-359)。

J. Salwyn Shapiro,《孔多塞与自由主义的兴起》(*C. and the Rise of Liberalism.* New York, Harcour, Brace and C., 1934)。

J. -B. Sarret,《论孔多塞流亡时期的生涯》(*Notice sur la vie de C. pendant la proscription.* Paris, Didot, an VII)。

J. -B. Severac,《孔多塞,著作选及介绍》(*C., Choix de textes et introd.* Paris, Michaud. s. a[1930]）。

Torau-Bayle,《孔多塞：侯爵与哲学家、近代世界的组织者》(*C., marquis et philos., organisateur du monde moderne*, Paris, Impr. Dauer, s. a. [1938]）。

H. Valentino,《孔多塞夫人：她的朋友和她的情人》(*Madame de Condorcet, ses amis et ses amours.* Paris, Perrin, 1950)。

Francisque Vial,《孔多塞与民主教育》(*C. et l'éducation démocratique*, Paris, Delaplane, 1902)。

人名索引

A

Agricola 阿格里柯拉 112
Althusius 阿尔图修斯 107
Anaxagore 阿那克萨哥拉 41
Anthémius 安第米乌斯 81
Apellès 阿佩莱斯 49
Archimède 阿基米德 51-53,81,99
Aristophane 阿里斯托芬 40
Aristotelēs 亚里士多德 47,50,53,57,59,66,82,91,99,104
Augustin(rhéteur) 奥古斯丁(修辞学家) 117

B

Bacon 培根 117,118
Bayle 培尔 131
Beccaria 贝卡里亚 136
Boccace 薄伽丘 87,92,93
Bolingbroke 博林布鲁克 131

C

Carraches 卡拉齐兄弟 158
César 恺撒 61
Charles-Quint 查理五世 102
Chrysostome 克雷索斯托姆 70
Cicéron 西塞罗 61,63,66,70
Colombo 哥伦布 99
Collins 柯林斯 131
Constantin 君士坦丁 67
Copernicus 哥白尼 111
Corneille 高乃依 113,159
Cyrus 居鲁士 37

D

D'Alembert 达朗贝尔 145
Dante 但丁 92,93
Democrite 德谟克里特 38

Démosthène 德摩斯梯尼 49,55,69

Descartes 笛卡儿 38,117,118,126,127,142,143,146,147

Diophante 狄奥芳图斯 52,99

E

Édouard(roi d'Angleterre) 爱德华(英国国王) 103

Élisabeth 伊丽莎白 103

Épicure 伊壁鸠鲁 55,58,59,66

Euclide 欧几里得 99

Euripide 欧里庇德斯 49

F

Fontenelle 丰特内尔 131

François I 弗朗索瓦一世 102

Franklin 富兰克林 146

Frédéric II (Barberousse) 腓特烈二世（红胡子） 86

G

Galilée 伽利略 111,112,117,118

Gama 伽马 99

Gesner 盖斯纳 112

H

Haller 哈勒 150

Harrington 哈林顿 107

Henry VIII 亨利八世 103

Hipparque 希帕库斯 53

Hippocrate 希波克拉底 44,53,99

Hobbes 霍布斯 108

Homère 荷马 48,81

Howard 霍华德 136

Huyghens 惠更斯 143

J

Jerome 哲罗姆 70

Jésus 耶稣 66,67,86,101

Julien 朱里安 67

Justinien 查士丁尼 90

K

Kepler 开普勒 111,112,143

L

Languet 郎盖 107

Leibniz 莱布尼茨 129,130,142,143

Livy 李维 70

Locke 洛克 124,127

Lucien 琉善 69

Lucrèce 卢克莱修 61

Luther 路德 101,103

M

Marcus Aurelius 马可·奥勒留 63

Machiavelli 马基雅维利 105,108,
　135,158,168

Mahomet 穆罕默德 81,83,86

Moise 摩西 86

Molière 莫里哀 159

Montesquieu 孟德斯鸠 131

Morus 莫尔 108

N

Needham 尼德汉 107

Nerva 涅尔瓦 63

Newton 牛顿 38,142-144,186

Numa 努马 61

P

Palissi(Bernard de) 巴里西(贝纳德·德) 112

Périclès 伯里克利 41

Pétrarque 彼得拉克 93

Phidias 斐狄阿斯 49

Photius 福蒂乌斯 81

Pindare 品达 49

Platon 柏拉图 42,44,47,49,50,55, 56,59,64,66,81,99,104,108,164

Pline 普林尼 55

Plutarque 普鲁塔克 69

Pope 蒲柏 159

Price 普莱士 136

Priestley 普里斯特利 136

Proclus 普罗克洛 81

Ptolémée 托勒密 51,111

Pythagore 毕达哥拉斯 30,38-40

R

Racine 拉辛 159

Raphaël 拉斐尔 158

Rei(Jean) 雷伊(冉) 113

Rousseau 卢梭 124,125

S

Sénèque 塞涅卡 61,64

Socratēs 苏格拉底 40-42,49

Sophoclēs 索福克里斯 49,67,133

Smith,Adam 斯密(亚当) 127

Steuart 斯图亚特 127

T

Tacitus 塔西佗 69

Thalès 泰勒斯 44

Thucydide 修昔底德 49,81

Tibère 提贝留斯 67

Turgot 杜尔哥 136

V

Vignes(Pierre des) 维尼(比尔) 86

Virgil 维吉尔 69,159

Voltaire 伏尔泰 131,144,159

W

Wicleff 威克里夫 90

Witt(Jean de) 威特(冉·德) 126

X

Xénophon 色诺芬 59

Z

Zénon(de Cittium) 芝诺(西提姆的) 55,59